自分のままで突き抜ける無意識の法則

人生を
“思いのまま”に
変える最強の
心理メソッド

メンタルトレーナー・心理技術アドバイザー
梯谷幸司
KOJI HASHIGAI

大和書房

「頑張っているのに、何となくうまくいっていない……」

「もっとスイスイと人生が進めばよいのに」

「自分の向いている方向は、本当にこれで合っているのかな」

「そもそも、何をやりたいのかよくわからない！」――こんな
〝モヤモヤ〟に心当たりはありませんか？

もしそうなら、

おめでとうございます。

それは、

自分の中に眠っている力をすべて発揮し、突き抜ける

ために絶対に必要な、大事な片道チケットです。

ネガティブな感情は、
決してあなたの敵ではありません。

「今のままでは
何かがズレていますよ」

ということを伝える、重要なサインなのです。

それどころか、誤魔化さずに向き合えば、

「あなたが進むべき道」、そして

「生きる目的」をも教えてくれる、

超・強力な味方になるでしょう。

それに気づいたとき、

あなたの人生はトントン拍子に
よい方向に向かっていく

ことをお約束します。

さあ、次のページから、
「本当の自分」に出会う旅を始めましょう。

プロローグ

人生を“思いのまま”に変える最強の心理メソッド
——あなたは、世の中の「人生ゲーム」のルールに従っていませんか？

あなたは今、自分の人生が「いい方向にうまく進んでいる」と感じていますか？

それとも、「頑張っているのに思うようにいかない」とか「このままでいいのかわからない」と感じているでしょうか？

私はメンタルトレーナーとして日々多くのクライアントと接していますが、後者、つまり漠然《ばくぜん》とこう感じている方は、今、非常に多いのです。

「人生は自分の思い通りにならない」

「自分の人生は、見えない何者かに振り回されている」

このページをお読みのあなたも、ひょっとするとこんなモヤモヤを抱えているのかもしれません。

ご安心ください。**この本は、そんな誤った思い込みを打ち砕き、悩みを解決するた**

めの本です。

本書を手に取ってくださり、ありがとうございます。

私はメンタルトレーナーの梯谷《はしがい》幸司《こうじ》と申します。30年以上のキャリアの中で、7万人以上の方々の人生を変えるお手伝いをしてきました。

私のところに寄せられる相談の内容は、実に多岐に渡ります。夫婦関係から親との関係について、子育ての心配ごと、ビジネスやお金の不安、人からねたまれやすいとかトラブルを起こしやすいといった人間関係の悩み、そして病気のこと……。

まさに「人生にまつわる、ありとあらゆること」です。

さて、こうして多くのクライアントの悩みを解決する中で、私はあることを確信しました。それは、先述の**様々な悩みは一見すると無関係に見えますが、実は、根本的な原因はすべて同じである**ということです。

「あらゆる悩み」が解決していく本質的メソッド

私はメンタルトレーナーですから、クライアントから相談されるたび、彼らの心にアプローチすることで問題解決を図ります。

具体的にどうするかというと、クライアントに、私とのワークやセッションを通して、自分の中にある、実際には存在しない「信じ込み」や、間違った「セルフイメージ」に気づいていただきます。

そうして、「脳の動かし方」と「言葉」を変えていってもらうのです。すると、それまでクライアントが「人生の不都合」と思い込んでいた悩みが、自然と解消していきます。

そうです、冒頭で触れた「人生は思い通りにならない」という考えは、誤った信じ込みです。**本来は、誰の人生も「思い通りになる」のです。**それがこの世の真実です。

それなのになぜ、多くの人が「人生は思い通りにならない」という誤った信じ込みを抱えているのか。

その原因は、彼らが**「本当の自分で生きていない」**から。これに尽きます。

「本当の自分で生きていない」とはどういうことかについては、CHAPTER 2でくわしくお話ししますが、ここでも簡単に触れておきましょう。

私たちはそれぞれ「生きる目的」を持ってこの世に生まれてきます。

そして、自分自身の「生きる目的」につながる活動をしているとき、最大級の幸せを感じるのです。

アメリカの心理学者、マズローが提唱した「欲求5段階説」は有名ですね。この、最も高次の「自己実現欲求」が満たされている状態が、すなわち「本当の自分を生きている」という状態です。

しかし、実際にこれを実現できている人は、非常に少ないのが現状です。多くの人は、存在しない「思い込み」や誤った「セルフイメージ」にとらわれて、本当の自分を生きていない。だから、普段から無意識に〝ズレ〟を感じている。そのズレを放置しているから、ビジネス、お金、人間関係、恋愛・結婚生活、自己実現……、ありとあらゆる人生の悩みにつながっていくのです。

なぜズレが生じてしまうかというと、それは人間が社会的動物だからでしょう。私たちは他人と一緒に生活し、社会生活を送る以上、ある程度、社会のルールや常識を意識せざるを得ません。こうして社会の要請に沿って生きていくことで、「社会的自分」がつくられていきます。

しかし、その社会的自分と、本当の自分が合致しないケースが多々あるのです。

たとえば、その人には本当は強くやりたいこと、表現したいことがあるのだけれど、「偏差値の高い学校に入り、大企業に就職するのが安泰《あんたい》である」という親や世間の基準に合わせた偽物《にせもの》の夢に捉われている、などはよくある話ではないでしょうか。

「本当の自分」と一言でいうのは簡単ですが、実際に我が道を突き進むのは、時にとても難しいことだったりします。

だから、本来は人生を思い通りにできるポテンシャルがあるにもかかわらず、そのことに気づいていない、もしくは忘れている。

そして、「本当の自分」から離れることで、みすみす自分の手で、生きづらい人生、思い通りにならない人生をつくってしまっている……。そんな人が、今、非常に多いのです。

「社会的自分」のためにつくり上げた〝偽《いつわ》りの自分〟に気づき、そこから脱却すること。そして「本当の自分」を表現し始めること。

すると、**人間関係もビジネスもうまく回り始めるようになりますし、文字通り「生きる喜び」を感じることができるようになります。**

大きな災難は「千載一遇《せんざいいちぐう》のチャンス」にもなりうる

小手先のテクニックで上手に生きようとする時代は終わりました。現に、最近「想定外」の出来事があまりにも増えていると思いませんか？　東日本大震災、相次ぐ地震や豪雨災害、気候の変動、そして新型コロナウイルス騒動……。

特に新型コロナウイルス騒動のときは、パラダイム（ある時代においてメジャーな、物事の見方や捉え方のこと）の変化が顕著《けんちょ》でしたよね。これまで固く信じられてきた世の中の常識や当たり前が瞬《また》く間に更新されていったのを、あなたも目の当たりにしたはずです。明らかに今、時代背景はスピーディに変化しています。私たちも、時代に合わせて自分自身を更新していく必要があります。

以前はうまくいっていた常識や概念も、時代背景が変われば、ただの邪魔な情報でしかありません。

そう、**今や誰も「正解」を持たないし、あなたに教えてはくれない**のです。だから、「（新型コロナ騒動などが起こる）以前のような日常を取り戻したい」

「変化するのは嫌だ。元に戻りたい」

このような感覚の人は、どんどん衰退し、周囲に埋もれていくでしょう。反対に、

「変化を受け入れ、新しい時代と新しい自分をつくっていこう」

という人たちは、たとえ一時的にはどん底を経験したとしても、タフにやっていくでしょうし、むしろV字回復的、つまりどん底の後は飛躍的に伸びることが予想されます。

予測不能なこれからの時代にこそ「必要な力」

「生きる」というのは、誰かがすでに成し遂げたことを、ただなぞり、まねることではありません。自分の頭で考え、どう行動するか、どんなものを信じるかを、自分で選び、決めていくことなのです。

要するに、私は本書で、皆さんにこう伝えたいのです。

「さあ、人生とダンスをしよう」

型にはまったダンスをするのではなく、起こる出来事とダンスをしていく。

つまり、相手（現実）が動きを変えたら、こちらも何事もなかったかのように動きを変えて、それに合わせてダンスを続けていく。そんな感覚で生きていっていただきたい。どんな出来事が起こるか、まったく予測不能なこれからの時代を生きるには、この感覚を身につけることが絶対に必要なのです。

すでに、**自分の望みをどんどんかなえる人、人生がスイスイうまくいく人は、この感覚をきちんと身につけています。**

あなたも、自分をそんなふうに変えたいと思いませんか？　ガラリと現実を、そして人生を変えてみたいと思いませんか？

その絶好のチャンスが、ウィズコロナ、アフターコロナが叫ばれる「今」なのです。

新しい時代が始まるにあたって、「私は思い通りに活躍していける」という感覚を持って突入していくのと、「私は未来が見えずに不安だ」という感覚のまま突入していくのと。あなたはどちらの生き方を選びますか？

両者の1年後、3年後、5年後、10年後は、まったく違ったものになると断言します。得られる収入、人間関係の豊かさ、生きることの醍醐味《だいごみ》や、幸せや喜びの総量など、ありとあらゆることに大差が生じるでしょう。

さあ、この非常に重要なタイミングに、あなたは、どのような方法で、世の中に対して、自分を表現し、自己実現させていきますか？　これからの新しい時代に対応する脳内プログラムをどうつくっていきますか？

この本では、そのためのさまざまな考え方や方法を提供していきます。

本書が、新しい時代を新しい自分で生きることを決意したあなたのお役に立てることを心から願っています。

梯谷幸司

自分のままで突き抜ける無意識の法則

人生を“思いのまま”に変える最強の心理メソッド

CONTENTS

目 次

CHAPTER 1

「目の前の現実」がガラリと変わる無意識の話

運命に支配されて生きるか、運命をコントロールして生きるか

CHAPTER 2

あなたが持って生まれた「生きる目的」の見つけ方

人は「未来の記憶」を思い出しながら生きている

CHAPTER 3

なぜ、ネガティブがあるほど人生はうまくいくのか

「本当の自分」が、あなたに教えようとしていること

CHAPTER 4

その望みは「自分基準」か？それとも「他者基準」か？

「できるか・できないか」より「したいか・したくないか」

CHAPTER 5

思い通りに現実を動かすために知っておきたいこと

脳の「基本的に逆に動く」性質を利用する

CHAPTER 6

あなたを縛る「あらゆるリミッター」を外す法

毎日をぐんと自由で快適にするヒント

CHAPTER 1

「目の前の現実」がガラリと変わる無意識の話

運命に
支配されて生きるか、
運命をコントロール
して生きるか

自信にあふれた「新しい自分」に生まれ変わる運命好転メソッド

メンタルトレーナーである私のもとには、ビジネスに行き詰まった人、人間関係に悩む人、お金の不安を持つ人、健康に問題を抱える人らが、おおぜい相談に来られます。そうした方々のヒアリングを重ねていくと、皆さんの中にこんな思い込みがあることがわかります。

「人生は自分の思い通りにならない」

「自分の人生は、見えない何者かに振り回されている」

そして、こうした思い込みにとらわれている人には、ある〝はっきりとした傾向〟が見られるのです。

それは、「そもそも生きることに疲れている」ということ。

私はメンタルトレーナーとしてのべ7万人のクライアントと接してきましたが、

今、生きることが「喜び」というよりも「義務」になっている人が非常に多いと感じています。

自分の「生きる目的」を明確にせず、ただ義務感で生きていると、心身は疲弊《ひへい》していきます。そして、冒頭で触れたような、人生にまつわるありとあらゆる悩みにつながっていくのです。

今、『夜と霧』が注目される理由

「生きる目的」がはっきりしていると、人の持つ生命力は活性化し、強くなります。これを明らかにする、有名なエピソードをご紹介しましょう。

オーストリアの精神科医であり、哲学者でもあるヴィクトール・フランクルが著した『夜と霧《きり》』という本をご存じでしょうか。第二次世界大戦のとき、ドイツはユダヤ人をアウシュヴィッツ収容所に強制連行し、かたっぱしから虐殺《ぎゃくさつ》していきました。しかし戦終後まで、過酷《かこく》な収容所の環境下で生き残った人たちがいたのです。

自分自身がアウシュビッツ収容所の生き残りであったヴィクトール・フランクルは、

この人たちの共通点は何かを調べました。それをまとめたのが『夜と霧』なのです。生き残ったのは腕力がある人たちだろうか。それは違う。お金持ちだろうか。それも違う……。そこでフランクルが気づいた共通点の一つは、このようなものでした。まず**生き残ったのは、最後まで夢を捨てない人たち**だったのです。

たとえばパン屋さんだった人は、

「この戦争が終わったら、目抜き通りにもう一度パン屋を再開して、焼きたてのパンの香りを町中に広めて町の人を喜ばせるんだ。だから、自分はこんなところにいる場合じゃないんだよ」と考えました。

ピアニストだった人は、

「世界中が戦争で疲弊している。私は、ピアノリサイタルをして各国を巡り、世界中の人を癒やしたい。だから、こんなところにいる場合じゃないんだよ」と考えました。こうして塀の向こう側に夢、すなわち「生きる目的」を見出した人たちは、生き延びることができました。

それに対して、塀の向こう側に目的がない、「ただ生きて収容所を出たい」とだけ願った人たちは、途中で力尽きて亡くなってしまったというのです。

「生きる目的」が生命力を強化させる

「生存欲求」で生き延びようとするのが、なぜダメなのか？

塀の向こう側に「生きる目的」を見出しているのか、いないのか。ただそれだけで、その人の現実が大きく違ってくることが、このエピソードからもよくわかります。はっきりとした目的を持ち、主体的に生きている人は生命力が強化されますが、そうではなく、ただ義務感や生存欲求でのみ生きていると、人の免疫や生命力は弱まってくるのです。

これを裏付ける話があります。私が研究助成金を出して研究してもらっている東京大学大学院の先生から、以前、こんな報告をもらったことがあるのです。

「動物実験でわかったことがあります。『生き残りたい』とか、『安心・安全が欲しい』と思うと、脳は苦痛な記憶ばかりを保存したがるのです」

ＣＨＡＰＴＥＲ ５でくわしく説明しますが、「脳は逆に動く」という話は有名です。物事には相関関係があるので、あることを意識すると、脳はその逆にあることを同時に強く意識してしまうからです。たとえば、こんな具合です。

お金が欲しい → お金がない。お金に不安がある

こうなると不安のエネルギーのほうが強いですから、「心の裏の言葉」に脳は反応し、現実化してしまうわけです。では、「生き残りたい」と意識すると、どうなるか。

生き残りたい。安心・安全が欲しい → 苦痛

この方程式が生まれてしまうのです。

つまり、脳は、「『生き残りたい』ということは、『生き残りたい』と言い続けたいんですね。だったら、死を意識する記憶が必要ですね」と動き始めるのです。これが、苦痛な記憶ばかりを保存したがる原理。「生」の対比として「死」を意識する記憶が必要なのです。

我々は、死を意識するから「生き残りたい」と言い続けられます。そして、「死を意識する記憶をつくるためには、まず現実を集めなければいけないですね」と脳は考えます。だから、自分の体を攻撃して病気になってみたり、無意識に事故に遭ってみた

り、または、自然災害や有名人が亡くなるといったショッキングなニュースばかりをつい集中してみたり……。とにかく「死」を意識するようなネガティブな記憶を集め始めるのです。

また、「安心・安全が欲しい」と思うと、脳は、『『安心・安全』が欲しいと言い続けたいんですね。だったら、その反対である『苦痛なことや危険なこと』を集めないといけないですね」と動くようになります。だから、苦痛な記憶、危険な記憶をつくるために、積極的に、苦痛で危険な現実を集め始めてしまうのです。

「将来の不安」「人生のモヤモヤ」から解放されたいあなたへ

また、「生き残りたい」と思って生に固執すると、どうしても「死」を悪いものとして扱うことになります。これが、非常によくないスパイラルにつながるのです。

だって、どんな生き物も寿命から逃れることはできませんよね。それがいつになるかはわかりませんが、誰もが例外なく、ただ生きているだけで「死」というゴールに着々と近づいていきます。

ここで想像してみてください。仕事が終わった後に嫌なことが待っていると思うと、仕事中の時間が憂鬱になってきますよね。しかし、仕事が終わった後に、デートなり飲み会なり、何かとても楽しみなことが待っていると思ったら、仕事中の気分は軽くなりますし、作業もはかどります。早く仕事を終わらせようと、生産性が高まることさえあります。

生きることもそれと同じなのです。ただ死を悪いものとして捉えていると、誰もが死に向かって生きているにもかかわらず、「嫌なことが近づいてくる」という前提が生まれます。その結果、生きること自体が苦痛になってしまい、今、この瞬間を目いっぱい生きることが不可能になってしまうのです。

こうして自分の持つエネルギーを100％発揮することができないから、「頑張っているのに、なかなかうまくいかないな」「人生は自分の思い通りにならない」というモヤモヤや疲労感につながっていってしまうわけです。

これが、「生きること」自体を目的にしたときの意外な落とし穴です。

確かに命はとても大切なものです。

しかし、あなたが人生を思い通りにしたいなら、自分のポテンシャルを100%発揮して生きたいと願うなら。

あくまで命は「生きる目的」を全うするための道具に過ぎない。そう考えてほしいのです。

あなたは、何のために生きるのですか。

何のためにその命を使うのですか。

あなたの心の内側にある閉ざされた扉の向こうには、無限の可能性が詰まっています。

潜在意識のブレーキを外してこの秘められたポテンシャルをすべて発揮し、人生を思い通りに変えるためには、「自分はこの人生を通して何をする人なのか」――。あなたの「生きる目的」をはっきりさせてほしいのです。

本書では、その方法をご紹介します。

人生を〝コントロールする力〟を高める秘訣

突然ですが、皆さんに質問をします。

「記憶に新しい新型コロナウイルス騒動。その中で、あなたが見出した『最高の喜び』は何ですか？」

戸惑われたでしょうか？　災害や疫病なんて、ないほうがいいに決まっている？　確かにその通り。私だってできることなら、自分が生きている間にこのようなパンデミックに遭遇したくはありませんでした。

しかし、あえて極端なことを言います。本来、物事にはネガティブもポジティブもありません。「ただその現象が起きた」という事実があるだけです。これは東洋哲学では古来から言われてきたことです。

陰陽太極図《いんようたいきょくず》をご存じでしょうか。白と黒の勾玉《まがたま》が絡《から》み合ったような形をしています。

これは東洋思想の考え方で、森羅万象《しんらばんしょう》のバランスを表しています。円（対極）の中に、陽（シロ）と陰（クロ）が絡まり合って存在しています。よく見ると、陽の中には小さな陰があり、陰の中にも小さな陽がある。

陰と陽は必ずワンセットで存在し、「完全の陰」も「完全の陽」もありません。陰の中にわずかな陽があり、陽の中にもわずかな陰がある。これらは反転し合いながら、陰陽のバランスを取り続けているのです。

そう、実はこの陰陽太極図、固定されたものではありません。常にグルグルと動き続けているのです。

陰は勢いを増して陽に転じ、陽は勢いを増して陰に転じる。

そうやって、**森羅万象は常に動き続けることで、バランスを取っている**のです。

人間も、出来事も、陰と陽のバランスを失いどちらかに偏《かたよ》ると不都合が起きます。再び新型コロナウイルス騒動を挙げましょう。あなたは、この疫病を「陰」、つまり「絶対的に悪いものだ」「ネガティブな出来事だ」と決めつけて、そこで思考を止めてしまってはいませんか？

～陰陽太極図～
陰と陽は必ずセットで存在する

もちろんそれは当然のことなのですが、それだけですと、あなたの人生にまつわる大事なことが見えなくなるかもしれません。

現実の中に見出せる「最高の喜び」は何か

皆さんもご存じの通り、2020年からのコロナ禍で、飲食店の経営者らが立たされた状況は切実です。

営業の自粛や時短を求められているから収入は減少、もしくは見込めない。しかし、その間も家賃や従業員のお給料といった店の維持費は、これまでと変わらず払い続けなければならない。しかも、この状況がいつまで続くのかわからない……。こんな先の見えない極限状態の中に放り込まれた人がたくさんいたのです。

私のクライアントには、飲食店の経営者もたくさんおられます。あるとき、何度かセッションをしたことのあるなじみの経営者から、こんなメールが届きました。

「梯谷さん、助けてください。とにかく、店の売上が全然足りない。連帯保証人に家族が入っているので、自己破産することもできない。最近は、もう、自分が死んで保険金で清算するしかないと思い始めた。だから、今、遺書を書いています」

この人を放っておいてはまずいと思ったので、予定をやりくりして、「30分だけお話ししましょう」と、すぐに会いに行きました。

そこで、私は先ほどの質問をその人にぶつけたのです。

「今回の新型コロナ騒動の中に見出だせる、最高の喜びは何ですか？」

「苦難が苦しみでなくなる」驚くべき質問

当然ですがこの質問、最初は誰もが面食らった顔をします。しかし私の経験上、この質問に答えられるようになった人は、そこからV字回復し始めることが多いのです。開き直って覚悟を決めた人は強くなる、ということなのでしょう。

「火事場の馬鹿力」という言葉がありますね。実際、ハラをくくった人はものすごく強くなります。発想力も行動力も跳ね上がり、「あれもできるんじゃないか、これもできるんじゃないか」と、斬新で面白いアイデアがどんどん出てくるようになるのです。

だから、**そういう人には必ず次の展開が湧き上がってくる**のです。

逆にいうと、この人はそこまで追い込まれないと、決定的なアイデアを出すことができなかったということでもあります。

つまり、この人はこれからの新しい時代を生き抜いていくため、古い自分から脱皮し、変化を遂げる必要がありました。そのために、一度、死を覚悟するくらい苦しい精神状態にまで追いつめられる必要があった。いわば、新しく生まれ変わるための〝試練〟です。この人の潜在意識は、それを彼に与えるために、新型コロナウイルス騒動を利用したのではないでしょうか。

私は、すぐにこの〝仕掛け〟を見抜きました。だから、「今回のコロナ騒動の中に見出だせる最高の喜びは何ですか」と問いかけたのです。

もちろん、この問いにすぐに答えが出せなくてもかまいません。何か一つの決まった正解があるわけでもありません。そうではなく、

「そういえば、こういう点は感謝できるかも」

「こういう点も喜びかも」

「この点があったから、結果として、いい感じに流れを変えていけたな」

といった具合に、**自分自身で答えを導き出していくことこそが大切**なのです。

「過去の知識」からではなく「起きた現実」から学ぶ

一般的に、人は何かを解決しようとするとき、過去の知識に頼ろうとします。学びであれば、「スクールで教わろう」「親に相談しよう」、病気であれば「病院に行って医師に聞こう」といった具合に。

しかし、これからの時代はそうではなく、**目の前で起こっている現実から学んでいくことが重要になる**と思います。目の前で起こっている現実を見て、「何のために、自分にはこれが必要だったんだろう」と、自分の「未来の目的」から考え直すのです（未来の目的については、CHAPTER 2でくわしくお話しします）。

この「問いかける」という感覚が、これからの時代には絶対に必要です。なぜなら、**「あなた独自の視点」を獲得するために非常に有効な方法**だから。

これからの時代は、いわゆる世間で「普通」とされているような、一般的な視点を持っているだけでは、もはや立ち行かなくなってきています。そのような人は、ただ周囲に埋もれて衰退していくことでしょう。

時代の流れるスピードはますますアップしているので、この先は、いわゆる「普通」とは違う独自の視点を持っている人が、周囲から求められ、活躍するようになっていくのです。

その〝災難〟が、あなたに伝えようとしていること

皆さんにぜひやってみてほしいことがあります。

過去から現在まで、仕事のトラブルや人間関係の挫折、病気やケガも含めて、あなたに起こった出来事が、あなたの人生にとって、

「何に気づくために、必要だったのか？」

「自分にとって、どんな意味があるのか？」

と、一度考えてみてほしいのです。

誰の人生も、必要なことしか起こりませんし、必要な人としか出会いません。

一見、とてつもない不幸やネガティブな出来事に見舞われたけれど、後から振り返ると、それが自分にとってとても重要な意味があったと気づいた。そんな経験は、あなたにもあるでしょう?

「何かを学ぶ必要があって、そのために、自分はこの体験をすることになったのだ」と捉えて、その意味を探り、気づき、学んでいってほしいのです。

前項でも述べたように、陰があるということは、対比として必ず陽があります。つまり、物事には必ずポジティブな面とネガティブな面があるということです。

どちらに注目するかはあなたの自由ですが、ポジティブな面に注目したほうが断然、人生は思い通りに進めやすくなります。

つまり先述の問いは、物事のポジティブな面に注目し、この現実の中に感謝や喜びを見出していく練習をする、最適なワークなのです。

自分に問いかけても、すぐには答えが出てこないかもしれません。すぐに答えが出なくても大丈夫。

一度、問いかければ、脳は答えを探し続けます。脳にはこうした機能が備わっているので、いろいろな答えが出てきますし、それに引っ張られるようにして、他の眠っていた記憶も次々に思い出されていきます。そして、記憶同士が芋《いも》づる式に結びついていくのです。

つまり、脳の中で、さまざまな記憶の調整が始まります。これが**現実を変える呼び水の役割**を果たすのです。

解釈を〝付け直した〟ことで運命を変えた店長の話

２０１１年の東日本大震災のとき、東京では計画停電が行われました。社会全体が滞って、スーパーやコンビニから食材が一気になくなったのです。

私のクライアントに、都内で中華料理店を営む店長がいます。首都圏が落ち着いた4月中旬、私はその店に足を運びました。どこの飲食店も売上は落ちていたので、この人の店も例外ではないだろう。内心そう思いながら、私は彼にこう尋ねました。

「この震災で、どういう影響がありましたか？」

すると、こんな興味深い話を聞くことができました。

この人の店のスタッフはほとんど中国人だったので、ほぼ全員が本国に帰ってしまったそうです。ところが、これまで下っ端扱いされていたいちばん若いスタッフが１人だけ残りました。そして、こんな意外なことを言ったそうなのです。

「こんなときだからこそ、あたたかい食事で地元の人たちを元気づけましょう。今は利益のことは考えず、残った僕たちだけで何とか店をまわしましょう」

店長は驚きましたが、すぐに納得しました。

「それもそうだな、ただでさえ世の中が不安なんだ。この際利益は度外視して、今いるスタッフと今ある食材だけでやっていこう」

そして停電の中、店にろうそくを立て、何事もなかったかのように営業を再開させたのだそうです。店のスタッフがいつもの調子で営業していますから、この店に来たお客さんたちは大きな安心感を得たことでしょう。

その話を聞いて、私はピンときました。すぐに経理の人に、「震災後1カ月間の売上が見たいので、売上日報を見せてください」と頼みました。

果たして私の予想通り、この店の売上は、前年の売上を超えていました。

〝意味付けのしかた〟で人生は変わる

私が売上日報を見ていると、隣にいた店長がこんなことを言い始めました。

「梯谷さん、聞いてください。震災が起きたことで、自分が想像もしていなかったような変化が店に起こったんですよ。

まず、ふだんは偉そうにしているのにいざというときに逃げてしまうような幹部がすべていなくなりました。その結果、今まで幹部の影に隠れていた一人のスタッフがメキメキと頭角を現し始めたんです。彼は、『こんなときだからこそ通常通りの営業をしましょう』と他のスタッフたちを説得してまわってくれました。今では、彼が立派な幹部ですよ。

つまり震災のおかげで、うちの店は本当にやる気のある人にだけ残ってもらうことができた。僕は、そんなふうに考えるようになったんです」

「なるほど」と私は思いました。

つまり、この人は「この経験は、自分にとって悪いことだけではなかった。**本当は〝何らかの気づき〟をもたらすために起きた**」と解釈を付け直したわけです。そして、そういう人のところには、本当にお客さんも戻ってくるのです。

その後も大雪や台風などで、東京の街から人の姿が消えることが何度かありました。特にある年は、台風と豪雨の当たり年で、街にまったく人影がなくなった週末が何度もありました。ところがその店に行くと、いつも満席なのです。街には人がいないのに、どこからともなくお客さんが集まってくるのです。

この「問いかけ」が、現実を変えるスタートライン

この理由を説明するのが、心理学やNLPでいう「アンカリング」です。船が停泊するとき、潮に流されないように錨《いかり》を下ろしますね。それをアンカリングといいます。その様子を、ある場所や状態に心が錨を下ろす状態にたとえた言葉です。つまり、ある条件にその人の心がアンカリングされるのです。

この中華料理店は、震災のとき何事もなかったように営業していましたから、多くの人が安心感を求めてその店にやってきました。お客さんたちの中で、「その店」＝「安心できる場所」になっていたのです。ですから、大雪でも台風でも、不安になって落ち着かなくなると、安心を求めて、そこに人が集まってくるようになったのです。

これを実現させた要因の一つが、この店長が、震災という経験を「悪いもの」として捉えるだけでは終わらせなかったこと。

非常事態の中、この店長が「何のために、自分にはこの経験が必要だったのか？」と自分に問い続けたことが、この店の流れを大きく変えました。

彼は、自分に対し、「何らかの〝気づき〟を得るために自分はこの経験をした」という、ポジティブな意味付けを行いました。だから、次の展開や解決策が湧き上がってきたのでしょう。

起きる物事は、いつも中立的で、ニュートラル。そこに、自分が「いい」か「悪い」か、意味付けしているだけ。

そう考えると、目の前の現実が大きく変わります。そして、**自分の意味付けが、その後の人生全体に大きな影響を及ぼしていく**ことも実感できるようになります。

この店長に限らず、起こった出来事に対する意味を自分で〝付け替えた〟ことで、その人を取り巻く状況が劇的に改善し、物事がスムーズに進み始める、というケースはよくあります。これはまさに、私の専門である「メタ無意識」を書き変えると起こる、興味深い現象です。

人間の意識には、「顕在意識」「潜在意識」、そして「メタ無意識」がある

前項で出てきた**「メタ無意識」**とは、私が名付けた言葉です。
くわしくは、拙著『なぜかうまくいく人のすごい無意識』（フォレスト出版）で説明していますが、ここでも一部をご紹介します。

人間の意識には、顕在《けんざい》意識と潜在意識という2つの意識レベルがあることは、あなたもご存じですね。表層的なレベルの「顕在意識」は、人が目覚めているとき、頭の中でいろいろな思考を巡らせています。
それより深いレベルにあるのが「潜在（無）意識」。その人が意識しえない、深層にある心のレベルで、眠っているときや、何かに没頭している状態（いわゆる没我の状態）のとき、活性化します。

顕在意識と潜在意識は、よく氷山にたとえられます。海面に表れている顕在意識が、意識全体のわずか3～5％しか占めていないのに対し、私たちが普段、認識できない潜在意識の閉めている部分は、実に95～97％！

だから、**潜在意識こそが人生に影響を及ぼしている**――という話は有名です。

私たちの言動や思考、感情は、この潜在意識がカギを握っているのです。

潜在意識のさらにその奥にあるもの――それが「メタ無意識」

しかし、私にはずっと疑問がありました。顕在意識と潜在意識の関係はわかる。

では、いったい何が潜在意識に、その人固有の言動や思考、感情パターンをつくらせてしまうのか。その謎を解くために、私は言葉や禅を徹底的に学びました。

そして、多くの方々とセッションを行ううちに、潜在意識のさらに奥にあるものに気づいたのです。

それが、私が提唱している**「メタ無意識」**。潜在意識を入れる器、と言い換えることもできるでしょう。これは、その人のすべての意識を包含する「背景」のようなもの。

本人にとってはあまりにも当たり前すぎて、気づいてもいない意識の領域です。
メタ無意識の中には、その人が生まれてからの記憶だけでなく、胎児《たいじ》の頃の記憶も含まれています。そしておそらく、**未来の記憶もここにある。**

「何となく、そう思う」という感覚を覚えることが、あなたにもあると思います。顕在意識による思考であれこれ考えるよりも、「何となく、そう思う」のほうを採用したほうが、結果的によかった。そんな経験はありませんか？　その感覚は、あなたの中のメタ無意識に保存された、未来と過去の記憶から呼び起こされているものなのです。

中身は同じでも、入れる「器」が変われば……

「メタ無意識」は現実を入れる器であり、その人の言葉や行動、意識の前提となるものです。無意識の器について、私はよく、このように説明します。透明でシンプルなグラスにブルーのソーダ水を入れると、ただのブルーの固まりに見えます。でもアヒルの形のグラスだとどうでしょう。ブルーのソーダ水を入れれば、「アヒルちゃんだ、かわいい！」となって、周りの反応も先ほどとはガラリと変わるでしょう。

中身は同じでも、
器が違うと見え方が違う

江戸切子や薩摩《さつま》切子のような、こまやかな細工が施されたグラスに入れれば、「きれいですね」「豪華ですね」と、またまったく別の反応になるはずです。

どんな器であるかによって、呼び起こされる反応も変わってきます。

つまり、器次第で現実が変わってくるのです。

CHAPTER 2

あなたが持って生まれた「生きる目的」の見つけ方

人は「未来の記憶」を思い出しながら生きている

どうせ"舞台"に立つのなら、心から納得のいく"演技"がしたい

人生は舞台のようなものです。ある芝居をするために役者が集まり、台本が渡されて、それぞれに役が割り振られます。役者たちはそれぞれ台本を読み、役を理解し、何度も練習して、初めて舞台に立ちます。ストーリーを思い描きながら、役柄のメッセージを観客に伝え、ラストシーンを迎えます。

こうして舞台を終えると、また別の舞台に上がり、新たな役を演じます。

前回はシリアスな芝居で、役柄も真面目な役だったけど、今回はコメディだから役柄もお笑い系。また練習して演じて、客席にメッセージを伝えて、ラストシーン。

また新たな舞台に上がります。今度は悪役だとしたら、悪役として台詞《せりふ》を覚え、演じて、メッセージを伝えて、ラストシーンを迎える……。この繰り返し。

実は、**私たちが生きることと死ぬことも、この舞台と同じ**なのです。

あなたは、**舞台で芝居を演じる役者**です。

潜在意識、つまり本当の自分は、配役やセリフ、ストーリーを用意してくれています。そうして、あなたの人生のお膳立てをしてから、

「さあ、演じなさい。あとは観客席から見させてもらうから」

と、高みの見物をしているのです。

たとえば配役。親、きょうだい、友人、仕事関係者。そしてストーリーを動かしていく仕事、体験、出来事、環境……。**芝居に必要なものは、全部用意されています。**

しかし、多くの人は、舞台の上でイキイキとした演技をすることができません。

無理もありませんよね。普通、いきなり舞台に上がらされて、「さあ、今から演じなさい」と言われても、演じられませんから。自分の役柄も、セリフも、劇の全体像やストーリーも、何もわからないでしょう。

だから多くの場合、「自分が何をしたらいいのかわからない」と戸惑っているうちに終演の時間がやってきて、劇の幕が閉じられます。

これはつまり、「自分の『生きる目的』が何なのかわからない」と尻込《しりご》みしたまま人生を終えてしまう人がいかに多いか、ということなのです。

「自分の役割」を生きているとき、人は最も幸福を感じる

私たち人間は、**例外なく「生きる目的」を持って生まれてきます。**つまり、今回の人生において成し遂げる「何か」が、それぞれにセットされているのです。

その何かとは、「世の中に貢献すること」かもしれませんし、「人々に愛や癒やしを与えること」かもしれません。「まったく新しい価値を生み出すこと」という人もいるでしょう。その役柄は本当に人それぞれで、比較することはできないのです。

それが、先ほどの芝居の例における「役柄」ということになります。

そして、人は、自分にセットされた「役柄」を生きているとき、すなわち「生きる目的」につながった活動をしているとき、最も強く幸福を感じます。

これが、私のいう「本当の自分を生きる」ということ。

人は、本当の自分を生きているとき、最高の充実感と幸せを感じるのです。

生きることが「義務」になってしまったり、「他者基準」で生きたりしてしまうの

与えられた「役柄」を
突き止めるカギはどこにある?

は、結局のところ、「自分が何をしたいかわからない」から。自分の役柄がわからないから、軸足のズレたところで不安定に生きるしかなくなってしまうのです。

これが「人生のパズルを解く」ということ

では、どうすれば、自分の役柄、つまり「生きる目的」がわかるのか？　まだるっこしいようですが、舞台セットや周囲のキャスティング、展開していくストーリーの流れを観察して、自分で推測していくしかありません。

とはいえ、誰の人生劇場も最初のうちは与えられる情報が少ないので、なかなか全体像がつかめないでしょう。

「このままでいいのだろうか」

「この芝居、ちゃんと大団円に向かって進んでいる？」

こう不安になるのも仕方がありません。

しかし、ストーリーが進むうちに、「この舞台の設定、セリフから推測すると、おそらく自分はこういう役回りか」と、だんだん気づいていくのです。

私はこれを「人生のパズルを解く」と表現しています。

CHAPTER 3でよりくわしく触れますが、そのときの大きな手がかりになるのが、「ネガティブな自分」や「ネガティブな感情」、「ネガティブな出来事」たちです。

そうして人間は、人生という舞台の全体的なストーリーや設定を「思い出しながら」生きていきます。つまり、「未来の記憶」を思い出しながら生きることで、「自分の役割」を果たしていくのです。

人は、無意識に「未来に起こる感覚」を体験しながら生きている

前項でお話しした「未来の記憶」。聞き慣れない概念だと思いますので、よりくわしく説明しましょう。まずは少し想像してみてください。今、あなたはオフィスで仕事中です。そして、次のようなことを考えています。

❶ 仕事が終わってから、とても嫌なことが待っている

❷ 仕事が終わってから、大好きなミュージシャンのコンサートに行くぞ！

ここで、あなたに質問です。

Q1 仕事中の気分やモチベーションは、どちらのほうがよさそうでしょうか？

Q2 仕事のはかどり方や進み具合は、どちらのほうがよさそうでしょうか？

仕事が終わった後に嫌なことが待っていると思う場合。だんだん終業時間が近づくにつれて、「何だか憂鬱だな……」とテンションが下がってしまうでしょう。

それに対して、仕事の後には大好きなこと、非常にワクワクすることが待っていると思うと、それだけで楽しくなってきて、仕事がはかどったりします。

これが、無意識に「未来を思い出しながら生きている」という感覚です。

「ヨーグルトを食べるとき」の脳の動きからわかること

これを実証する、脳科学でのこんな実験結果があります。ヨーグルトのカップを目の前に出されて、フタを開けて食べ始めてから食べ終わるまで、どの時点が最も激しく脳が喜ぶのかを計測したのです。

私は、食べて味わっているときが、いちばん脳が喜ぶのだと思っていたのですが、意外なことに結果は違っていました。

脳が最も喜ぶ瞬間、それはなんと、フタを開ける瞬間だったのです。「これはこういう味かな？」と想像しながらフタを開けるときに、人はすでに楽しみ始めている。**つまり人間というのは、未来に起こる感覚を、今、体験しながら生きている**のです。

これが「未来を思い出しながら生きている」という感覚です。私たちは、未来のことを今、体験しているのです。

旅行でも、そうでしょう。計画を立てたり、行き先を調べたり、予約したり……。未来のことをプランニングしているときが、最も楽しいのではないでしょうか。

これは逆にいえば、未来がはっきりしていなければ、今、不安になるということです。未来に楽しいことが待っていると思うから、今、楽しい気持ちになるのです。反対に、未来に嫌なことが待っていると思えば、今、不安や憂鬱さを感じるでしょう。

あなたは「自分の未来」をどう設定している？

人がこのように、未来の記憶と感覚を思い出しながら生きているという事実は、人生全般に関わってくることです。

「脳が最も喜ぶ瞬間」はいつか？

「私の人生は先行きが不透明だ」「私の望みが叶うとは、到底思えない」

こんなふうに暗い未来を思い出しながら生きていくと、暗い現実がやってきます。

それに対して、

「私の人生は先行きが明るい！」「水道の蛇口《じゃぐち》をひねれば水が出るような当たり前の感覚で、私の望みは普通に叶うでしょう」

と明るい未来を思い出しながら生きていると、明るい現実がやってきます。

つまり、**未来の記憶をどう設定しておくかがカギ**なのです。未来の記憶と感覚を設定し、「水道の蛇口をひねれば水が出るのは当たり前」と考えるのと同じくらいの感覚で、**「未来が私の思い通りになるのは当たり前」という感覚をいかに芽生えさせていくか。**

私は仕事柄、いわゆる成功者やミリオネアといったうまくいってる人を多く知っていますが、彼らは、この感覚を芽生えさせるのが非常に上手なのです。

あなたは、自分の将来に、どういう未来をセットしていますか？　もし今、自分の人生に対して、何となく不安だ、モヤモヤする、憂鬱になる……、そういう感情がわく場合は、「セットした未来がズレている」。ただ、それだけの話なのです。

「病気がやめられない記憶」を思い出していた、末期がんの男性

くわしくは拙著『本当の自分に出会えば、病気は消えていく』（三笠書房）にありますが、私は今、「言葉で病気をやめさせる」という研究をしています。毎日、さまざまな健康に不安を抱えた方が、私のセッションを受けに来られます。

あるとき、余命一週間を宣告された末期がん患者の方が、紹介で相談に見えました。私だって余命一週間の方をどうにかできるかなんてわかりません。ただ、ご本人がどうしても私のセッションを受けたいと言われるので、やむなく受け入れたのです。名の知られた経営者で、ビジネスの世界では、その活躍ぶりは有名でした。

お話を聞きながら、私はその人に質問しました。

「いつまでにがんをやめて健康を取り戻すか、決めていますか？」

「決めていません」

「仮に一年後にがんをやめたとしましょう。健康を取り戻した自分の姿は、どういうイメージですか？」

「想像がつきません」

「どうして想像がつかないんですか？」

「……だって、治ると思っていないから……」

肝心なのは、「本人のセルフイメージ」

つまり、この方は、自分が「治る」ということを、自分で信じていないのです。**「自分の病気は治るわけがない」という未来の記憶と感覚を思い出しながら、治療を受けている。**その矛盾《むじゅん》は、一見してわかりますよね。だから、病気がやめられないのです。体が「病気をやめる」ように動かないからです。

その方は、仕事ではいつも「未来はこうしたい」と明確な意志をお持ちなのに、健康面では、こんなにグダグダとしている。そのギャップが、とても意外でした。

「自分はこうしたい」という明確なイメージもなければ、「自分はこうする」という意志もありません。厳しいようですが、そんなメンタルでは病気をやめられるわけがないですよ、と私はお話ししました。

しかし、私のセッションを受けたのがよかったのか、この方は最初会ったときは余命一週間と言われていた状態から、どんどん元気になっていきました。周りの医療関係者も、「何をしたんだ？」と驚いていたほどです。

といっても、私は特別なことは何もしていません。最初にお会いしたときは体力的につらい状態だったので15分ぐらいしか話せませんでしたが、そのときご本人と健康になった未来のイメージをつくっただけの話です。

それは、このようにつくりました。まず、自分を巨人化させたイメージをつくります。そして、そのイメージのサブモダリティ、つまり属性を変えていったのです。たとえば、そのイメージを明るくしたり、大きくしたり、動かしたり、カラーにしたりと、イメージを躍動感《やくどうかん》のあるものに変えていきます。

こうして、病気が治っている状態の記憶の構成要素を調整していきました。

その後、病院関係者から、こんな相談の電話がかかってきました。

「病院内でその人が暴れるようになった。どうしましょう」

どうやら、「この管《くだ》を全部抜け！」と、生命維持装置のさまざまな管を自分で引き抜こうとしたそうなのです。当然、看護師は制止します。

「そんなことをしたら死んでしまいます！」

「俺はすでに元気だ。だからもう、管は必要ない！」

私は二回目のセッションでお会いしたとき、「管を抜いたら本当に死んでしまいますから、それはやめてください」と伝えました。

こうしてスタッフに取り押さえられ、ようやく管を付け直すことに納得されたのですが、**とにかく本人のセルフイメージでは、すでにがんをやめて健康になっていたの**です。

「時間は未来から流れてくる」という感覚を育てる

普通は、時間というのは過去から現在、未来に流れているものと考えられています。

しかし、それは間違った認識です。

時間は、未来から現在、過去に流れています。

未来のセットがあいまいだと、今があいまいで不確かなものになってしまいます。

先ほど例にあげたがん患者の方は、未来の「健康でいる自分」の想像がつかないから、今、がんをやめることができなかったのです。

しかし、まさに「未来の記憶」を思い出しながら生きるようになると、どんどん元気になっていかれました。

つまり、**どういう未来の記憶と感覚を思い出すかで、私たちの現実は変わってくる**のです。

試練を〝さらなる成長のチャンス〟に変える「脳の使い方」

ここで重要なことを申し上げます。

大切なのは、「未来を創造する」ことではありません。そうではなくて、あくまで、**「未来を思い出す」という感覚**です。

未来の記憶を思い出し、自分に与えられた使命、役割を探り当てる。

そのためにはまず、**過去のネガティブな体験を徹底的に洗い出すこと**です。それが、最も大きな手がかりとなるからです。

過去にどういう失敗や挫折、つらいことがあったか。どういう病気やケガがあったか。どういうことをあきらめ、我慢していたか。どういう知識や能力が足りないと思っていたか。どういうことを無理して頑張っていたか……etc.

それらの切り口から、年代別にさかのぼりながら探っていきます。

たとえば小学生のとき、こんなケガや病気があったな、自分はこの能力がないと思って必死に頑張っていたな。中学生のときはどうだっただろう……。

こうして、ネガティブな感覚が付いているものを細かく洗い出していきます。そして、CHAPTER 1でご紹介したように、こう自分に問いかけてみるのです。

「何のために、自分にはこの経験が必要だったのか？」

一度問いかければ、脳は答えを探し続けてくれます。あなたの中で自動的に過去の眠っていた記憶が掘り起こされ、それぞれが紐付けられていくのを待ってください。

過去のネガティブな体験から「使命」を探り出していく

なぜこの作業が、未来の記憶を思い出し、本来の生きる目的に気づくきっかけになるのか？　実はこれ、**「すべて必要なことだったのだ」と、あなたの前提を差し替えていくための〝仕掛け〟**なのです。

『桃太郎』というお話をまったく知らず、かつ日本語が読めない外国人に対して、『桃太郎』の絵本を見せているところを想像してみてください。川にはなぜか巨大な桃が浮かんでいて、その桃を拾い上げようとしているおばあさん。ページをめくっていくと、少年が犬と鳥と猿と会話をしている。唐突に鬼が登場して、少年たちが大暴れ。なぜか最後は、宝物が満載のリヤカーを、意気揚々と猿が引いている……。

冷静に考えてみると、『桃太郎』のストーリー展開って、なかなか突飛《とっぴ》ですよね。とはいえ、私たちは、あらかじめ『桃太郎』のストーリーを知っているので、絵を見ただけで、「このお話は桃太郎だ」とわかります。

そして、ストーリーになっているからこそ、読みながら「弱い者でも、みんなで力を合わせれば強い者に勝てるんだね。そうすれば宝物が得られるんだね」といった学習が始まります。しかし、そもそも『桃太郎』を知らない外国人に、

「これってどういうストーリーか、わかります？」

と言って絵だけ見せても、皆目《かいもく》見当もつかないでしょう。**当然、お話から導ける教訓も、お話自体を知らない人には得ることができません。**

同じように、普通の人の脳内では、記憶が点と点でのみ存在し、一つのストーリーになっていません。だから、学習が始まらないのです。

そこで、**自分の体験を一本のストーリーに仕立て上げること**がカギになるのです。

点在している記憶というのは、「ストーリーにしてよ」「振り返って気づいてよ」と、あなたに強く訴えかけているようなものです。

そのストーリーに気づくための仕掛けとして、ドラマにしてみる。もしくは、本にしてみる。

すると、途端に脳の中で、あなたの人生がストーリーになり始めます。一見バラバラだった過去の記憶がそれぞれ結びついていくと、必ずそこには共通するテーマが見えてきます。

人生は一つの芝居にたとえることができる、と本章の冒頭で述べましたね。これはその「芝居」を通して、その人が表現しようとしているテーマです。

過去、現在、そして未来の経験は、「すべてそのテーマのためのものだった」ということがわかってくるのです。そのテーマから、あなたが本来持っている「生きる目的」も見えてきます。

「そうか、自分はこれを成し遂げるために生まれてきたのだ」

「人生は、私にこの役割を全うするよう求めているのだ」

という気づきが始まるのです。

最悪な状況から〝最高〟を導き出すことだってできる

「人生は私にこれをさせたいのか」と気づき、人生のパズルが解けるようになってくると、だんだんパズルを解くこと自体が面白くなってきます。

つまり、一見、どんな困難なことや想定外のアクシデントに見舞われたとしても、

「何だかんだいって、全部必要があって起こっているんだ」

ということが腑に落ちてわかっているから、無駄な不安や焦りにエネルギーを使いません。もちろん、その直後は落ち込んだりするかもしれませんが、不用意に長引くことはなくなります。

迷いがなく、いつも人生に対する安心感、信頼感に包まれている。だから、どんなときでも今できることに集中できるし、常にリラックスして、状況に対応していけるようになる。

こんな脳の使い方ができるようになると、物事がスムーズに動き始めるので、俄然《がぜん》人生が面白くなってくるのです。

「過去のネガティブな体験」をネタにドラマをつくるとしたら？

「未来の記憶」を思い出すときの、簡単なテクニックをご紹介しましょう。

過去の出来事を洗い出し、何のためにそれが起こったのか？　を考える。

こうした体験をまとめて、一本のドラマにするのです。

そうしたら、ドラマのタイトルはどんなものにしますか。せっかくドラマをつくるのですから、たくさんの人に観てもらいたいですよね。そうなると、「面白そう」「感動しそう」「何かいい気づきが得られそう」など、人を惹きつけるような魅力的なタイトルを考える必要があります。

あらすじの文章や、パッケージに付けるコピーはどうしましょうか。そもそも、ドラマを通して視聴者に伝えたいことは何ですか。

それらを、じっくり考えてみてください。

「ディレクターからのオファー」を様々な角度から投げ返してみる

たとえば、過去の出来事を、「人生は思い通りにならない」という前提の器に入れたら、過去の出来事はどう見えてくるでしょうか。

テレビ局のディレクターから次のようにオファーがあったとします。

「あなたの過去のネガティブな出来事をネタにしてドラマをつくってください。その際、『人生は思い通りにならない』という前提でお願いします」

すると、「こんなつらい出来事があった。やっぱり人生は思い通りにならない」というストーリーにするでしょう。

今度は器を差し替えて、「人生は思い通りにならないから面白い」という器に入れて表現したらどうなるでしょう。テレビ局のディレクターからこう言われたとします。

「あなたの過去のネガティブな出来事をネタにしてドラマをつくってください。**『人生は思い通りにならないから面白い』という前提でお願いします**」

当然、「人生は思い通りにならない。だから面白い」というシナリオを考え始めるはずです。すると、**脳の動き方が変わってくる**のです。

また、テレビ局のディレクターからこのように言われたとします。

「あなたの過去のネガティブな出来事をネタにしてドラマをつくってください。今度はそれを、お笑いのオチがある前提で、コメディとして書いてみてください」

ネガティブなことがあった、それが笑いにつながる。たとえば、それをコントにするのであれば、紆余曲折《うよきょくせつ》があった後、「だめだこりゃ〜（なんでやね〜ん）」というオチになります。

どういう前提で、どういう器をセットするかで、中に入った情報は見え方が変わってくるのです。

思考を自由にすることで、人生は自由になる

過去の一見ネガティブなものを、「人生は思い通りにならない」という前提でまとめると、それ以上の発展はありません。しかし、「人生は思い通りにならないから面白い」という前提でまとめると、新しいアイデアが出てきます。

「人生は喜劇だ」という前提でまとめると、脳はもはや面白がり始めます。

こんなふうに、**一つの器に固執せず、もっとフレキシブルに、いろいろな器に入れてみようとトライしてほしい**のです。

たとえば、過去のネガティブな出来事を「人生は愛しかない」という器に入れてみたらどうだろう。「この世は必要なことしか起こらない」という器に入れたらどうだろう、といった具合に。

過去の記憶は、悪者扱いすると、その通りにあなたの足を引っ張るような〝悪さ〟をしてきます。

しかし、あなたがその記憶を、「あれは一見ネガティブだったけれど、自分にとって必要なことだった」という前提で見るようになると、一転して、あなたをサポートしてくれるようになります。

このように、人生の器をまず変えてみてほしいのです。いろんなアイデアを引っ張り出してほしいのです。**あとは、どういう前提でいくか、あなたが決めるだけ。**

この人生の器が、CHAPTER 1でも触れた「メタ無意識」なのです。

**「過去の体験」をどんな
ドラマにするかは自分次第！**

「〜する」——常に「未来の目的」を意識する

ネガティブな出来事だと思っていたけれど、実は全部必要なことだったんだと気づくと、すべての前提が変わってしまいます。

あの苦しかった出来事は、自分が世の中の人たちを力づけたり喜ばせたり感動させたり気づきを与えたりするためのネタだったんだ。糧《かて》だったんだ。

そうか、全部、自分にとって必要なことだったじゃないか！

こういうふうに物事を捉え始めると、後は自動的に、脳がいいように意味付けを変えていくのです。

何か思いがけないことが起こっても、**「今は大変かもしれないが、これを経験することが、自分の『生きる目的』につながっていくんだ」**という確信があるから、目の前の現実に振り回されることがありません。

こうして、**何かを避けるために判断や行動をするのではなく、何かを成し遂げるために判断や行動をする自分に変わっていく。**この感覚を持てるようになると、その人は「生きる目的」に向かって生きていると言えます。

そして人は、この「生きる目的」に向かって行動しているとき、いちばん生きている実感を強く味わい、最も強い幸福感を得られるものなのです。

この段階に至ると、脳の動かし方には大きな変化が生じます。

脳の「報酬系思考」を利用する

脳の動かし方には人によってクセがあり、大きく分けて2つあります。

それは、「苦痛系思考」と「報酬系思考」。

苦痛系思考は、何か行動を起こしたり判断をしたりするときに、「不安、恐れ、嫌悪、怒りといったネガティブな感情を生じさせる状況を避ける」ことを基準にして、脳を動かすパターンです。

たとえば、「人に嫌われたくないから、相手の機嫌を取るようなことをする」「仲間外れにされたくないから、誘いにはできるだけ応じる」「上司から怒られたくないから、仕事を頑張る」……etc.

このパターンの人は、**「〇〇すべき」とか「〇〇しなければいけない」といった言葉を普段からよく使います。**また、「常識では〇〇とされている」とか、「普通、こうでしょ」といった考え方を好む傾向があります。

苦痛系思考がなぜ問題かというと、体が「危機回避モード」に入りやすいからです。

体が危機回避モードに入ると、脳の中の「自分にとって苦痛なことを情報処理するときに使われる脳の経路」が活発に動き始めます。このとき分泌されるのが、コルチゾールやテストステロン、ノルアドレナリンといった脳内物質です。これらは、筋肉に血液を集め、緊張させ、攻撃性や闘争心を促す作用があります。

要は、苦痛な状況に立たされると、私たちの体はとっさに「逃げるか？　闘うか？」の二者択一で対応し、生き残ろうとするわけです。しかし、こんな過度に緊張感のある状態が続くことが、心身にとっていいはずがありません。

もう一方の報酬系思考は、「苦痛系」とは真逆のパターンです。

「何かを得たい」という思いがまずあって、それに突き動かされるようにして、いろいろな行動を起こしたり決断をしたりする、という脳の動かし方をするのです。

たとえば、「自分の感性を生かした表現を行うことで、世の中の人を刺激したい」とか、「自分の仕事を通して、多くの人に貢献したい」といった思いで行動をするときは、報酬系思考のパターンです。

報酬系思考が活発になると、やる気ホルモンであるドーパミンや、幸せホルモンであるセロトニンなどが程よく分泌され、心身が心地よく、伸び伸びとした状態になります。**実は報酬系が活発になるときというのは、脳が快楽を求めているときの状態**なのです。

このパターンに変われば、何かストレスを感じるような出来事が起きたとしても、これまでのように苦痛系思考に陥っているときとは、まったく異なる状況といえます。その状況に一喜一憂し、ピリピリと反発するのではなく、「まあ、そんなこともあるでしょう」と、状況を受け入れられるようになるのです。

「受け身の人生」から卒業する

ですから、どんな出来事に対しても、できるだけ脳の報酬系が動くように捉えたほうが、心や体の健康にいいいし、絶対に効率がいいわけです。

こうなると、何が起きても動じない自分に生まれ変わることができます。

加えて、報酬系思考のパターンが身についてくると、だんだん物事の捉え方も進化していきます。自分が経験するすべてのことが、単に「必要だから起こっている」というだけではなく、「目的を成し遂げるために、わざわざ自分で選んだ」と思えるようにすらなっていくのです。

起こる現実に対して、「受け身」の状態から「主体的に自分が選んだ」という状態へ。その人の現実の捉え方が、ガラリと変わるのです。こうなると、その人の意識レベルも相当高いものになっていきます。

自分の「意識レベル」を上げると、現実が変わっていく

前項に出てきた「意識レベル」とは何か、お話ししましょう。

アメリカの精神科医である、デヴィッド・R・ホーキンズ博士（1927〜2012年）をご存じでしょうか。1960年代、人間の意識レベルを測定した人物です。彼がまとめた「17の意識段階」は、今でも多くの精神的探究者が指標としています（『パワーか、フォースか』〈ナチュラルスピリット〉）。

ホーキンズ博士は、「筋肉反射テスト（キネシオロジーテスト）」という方法を用いて、どのような意識状態だと、どれくらいのエネルギーが放出されるか、調べていきました。そこから導き出されたのが、**人間の意識レベルには17の段階があり、その段階によって、体から出るエネルギー量が違ってくる**、ということでした。

私たちは、それぞれ住み慣れた意識レベルがあります。

自分が今、どの意識レベルにいるか、おわかりになりますか？

ホーキンズ博士は、この17の段階を、大きく2つに分けました。すなわち、ポジティブなエネルギーを放出する「パワーの領域」と、ネガティブなエネルギーを放出する「フォースの領域」です。

17の段階の中で、最も低いのは「恥」のレベルです。「こんな自分が恥ずかしい」という考えが強く、意識エネルギーも大変弱いため、時には自殺願望につながることもあります。

次に低いのは、「罪悪感」のレベル。「すべて自分のせいだ」という自責の思考が強く、自分を責め続けた結果、がんや膠原病《こうげんびょう》などの難病にかかりやすい傾向にあります。

3番目に低いのが、「無気力」のレベル。前の2つのように、自分に対するネガティブな捉え方こそ持っていませんが、何事に対しても、最初からあきらめがちです。「どうせ自分には無理だ」という思い込みが強く、**無気力感や絶望感で動けなくなっている人**がたくさんいます。メンタル系の病気で苦しんでいる人が多いです。

ここから先は、「悲しみ」「恐怖」「欲求」「怒り」「プライド」といったレベルが続きます。いずれも、自分から主体的に物事に取り組むだけのエネルギーはありません。

「意識レベル」によって変わる感情・反応・行動

領域		意識レベル	パワーの数値	感情
パワーの領域	1	悟り	10の70〜100乗	言語を超えたもの
	2	ピース	10の60乗	至福
	3	悦び	10の54乗	平穏
	4	愛	10の50乗	尊敬
	5	理性	10の40乗	理解
	6	包含	10の35乗	許し
	7	進んで	10の31乗	楽天的
	8	中性	10の25乗	信頼
フォースの領域	9	勇気	10の20乗	肯定
	10	プライド	10の17.5乗	軽蔑
	11	怒り	10の15乗	憎しみ
	12	欲求	10の12.5乗	渇望
	13	恐怖	10の10乗	不安
	14	悲しみ	10の7.5乗	後悔
	15	無気力	10の5乗	絶望
	16	罪悪感	10の3乗	非難
	17	恥	10の2乗	屈辱、惨め

プラスレベル（1〜8）／マイナスレベル（9〜17）

物事の達成が可能なレベル（1〜7）／物事の達成が困難なレベル（8〜17）

（デヴィッド・R・ホーキンズ博士の研究より）

「何となくうまくいきそうな気がする」は重要な感覚

上から8番目、「中性」は「パワーの領域」ですが、ネガティブでもポジティブでもない、ゼロの状態の意識レベルです。こうなると、たとえば何かミスをしたときに、**「まあ、そんなこともあるよね」**と、やや楽観的に捉えられるようになります。些細《ささい》なようですが、こうした言動は、その人の回復の兆候《ちょうこう》を示すサインです。私自身の感覚でも、セッションの際、クライアントがこうしたニュアンスの言動を取るようになると、**病気をやめたり、過去のトラウマを乗り越えたりする方向にスイッチしていることが多い**のです。

その次の「進んで」のレベルになると、ようやくポジティブなエネルギーの割合が勝り始めます。この段階は、感情でいうと**「何となくうまくいきそうな気がする」という感覚**です。これは、非常に大切な感覚です。

「自分にはできる」という感覚、前に進んでいる感覚、何となくうまくいきそうな気がするという感覚……。これが現実をつくっていくのです。これまで繰り返し述べている、「水道の蛇口をひねれば水が出るのと同じくらい当たり前の感覚で、私の願いが叶うのは当たり前でしょう」という確信の土台にもなります。

この確信の糸口をつかめると、物事に対し積極的に自分から取り組めるようになりますので、当然、何かを達成することがどんどんスムーズになっていきます。

この後、さらに意識レベルが高くなっていき、上から5番目の「理性」の意識レベルになると、ビジネスや学問の世界で、素晴らしい成果を生み出すことができるようになります。

この段階になると、自分や他人はもちろんのこと、**起こる出来事についても、「ありのままを受け入れる」ことができる**ようになっています。「いい・悪い」の解釈をすることがないので、何事においても、先入観や思い込みというものに影響されることがなくなっていくのです。

このレベルまで来ると、体から放出されるエネルギー量は、相当なものです。

そこから先の意識レベルになると、なかなか常人が到達することが難しい領域になっていきますが、私は今後は、上から4番目の「愛」というレベル以上の人しか生き残っていけないだろうと考えています。
この段階になると、次のようなことが自然にできるようになっていきます。

「起こる現実に喜びを見出していく」

これは、まさに本書のいちばんのテーマでもあります。

「類は友を呼ぶ」は科学的にも真実

ちなみに、人間は自分と同じか、もしくは自分より下位の意識レベルの人としか付き合わないようになっています。「類は友を呼ぶ」ということわざがありますが、まさにその通り。嫉妬《しっと》心が強い人の周りには嫉妬心の強い人が集まりますし、奉仕の精神を持つ人の周りには、奉仕する仲間が集まってくるものです。

今の自分の意識レベルを知りたければ、自分の周囲にいる友達や同僚を見れば、すぐにわかってしまうのです。

意識レベルを上げていくということは、自分と同じか下位の意識レベルの人が増えていくということなので、それだけ多くの人に出会えるようになります。当然、**ビジ**

ネスなど様々なチャンスに恵まれやすくなりますし、経験する出来事のレベルもこれまでよりアップします。

意識レベルを上げる方法は、様々あります。私のセミナーでも、その人に合ったトレーニング法をご紹介しています。ダイエットと同じで、一気に大きく上げようとするとリバウンドすることがあるので、普通は、徐々にレベルアップしていくことをおすすめしています。

ただし、「恥」「罪悪感」「無気力」などの低い意識レベルにいつまでもとどまっている人に対しては、わざと怒らせたり怖れを感じさせたりして、一気に「包含」や「理性」のレベルにまで進めることがあります。いわば「ショック療法」ですが、CHAPTER 1で触れたように、新型コロナ騒動が、人類に対しショック療法の役割を果たしているのは、興味深いことだと感じます。

「あなたはどういう人？」と問われて、過去を見るか、未来を見るか

「あなたはどういう人ですか？」

突然こう問いかけられたら、何と答えますか？　たとえばあなたが、「私は引っ込み思案で」「こういうのが好きで」「こういうのが苦手で」……と答えたとします。私なら、これを聞いて、こう指摘するでしょう。

「あなた、人生に行き詰まっていますね」

私が何を言っているか、理解できたでしょうか。苦手なこと、好き嫌い、性格。これらは、ずっと過去に焦点を当てているという点で共通しています。つまり、冒頭の自己紹介は、「私は過去を向いている人です」と言っているのと同じことなのです。

CHAPTER 4でよりくわしく触れますが、私の専門であるメタ無意識でいうと「プロセス型」になります。このタイプの人は、意識の焦点が常に過去に当たってお

り、「正しい生き方」を誰かに教えてもらいたいという前提があるのです。自分の生き方を自分で決められないから、他人のやり方に従ってしまう。これでは自分の基準を見失いがちですし、「これは自分がやりたいことではない」という思いがずっとつきまとうことになります。

仕事でも、「どうしてこの仕事を選んだのですか？」と聞いたとき、「実は過去にこういうことがあって」……と過去の経緯をしゃべり始めたら、私は**「あなたは仕事に行き詰まっていますね」**と指摘します。

その人は、仕事を「プロセス型」で捉えているからです。つまり、この仕事は、過去にあった出来事や人に流されて、就くことになった。自分で選び、つかみとったわけではない、というわけです。すると、「この仕事は、私が本当にやりたいことではない」という前提が無意識に生まれてしまうのです。

バックミラーを見ながら、車の運転はできない

それに対してメタ無意識が「オプション型」になると、どうなるか？

「私はこういう世の中をつくるために、この仕事をしています」
「私はこういう価値を世の中にもたらすために、こういう活動をしています」
と語るようになります。つまり、**未来のことを話すようになります。**

その人にとって過去はどうでもいい。過去に焦点を当てながら生きるということは、バックミラーで後ろを見て、前を推測しながら車を運転するようなものです。危険極まりないですし、こわごわと進むことになりますから、当然、スピードも出せません。

前述した「プロセス型」もそれと同じ。厳しいようですが、そんなメタ無意識を採用している人の仕事や人間関係や人生が、うまくいくわけがない、と私はお伝えしたいのです。車を運転するなら、つまり**人生を主体的に生きたいなら、ハンドルをしっかり握り、前方を見る必要があります。**

「あなたはどういう人ですか？」
と聞いたとき、過去を参照しているのか、それとも未来を参照しているのか。その人の潜在意識が向いている方向の違いで、人生には大きな違いが出てくるのです。

ちなみに、「プロセス型」は、過去の記憶に意識が向いているので、どうしても「避

潜在意識が過去を向いている人、
未来を向いている人

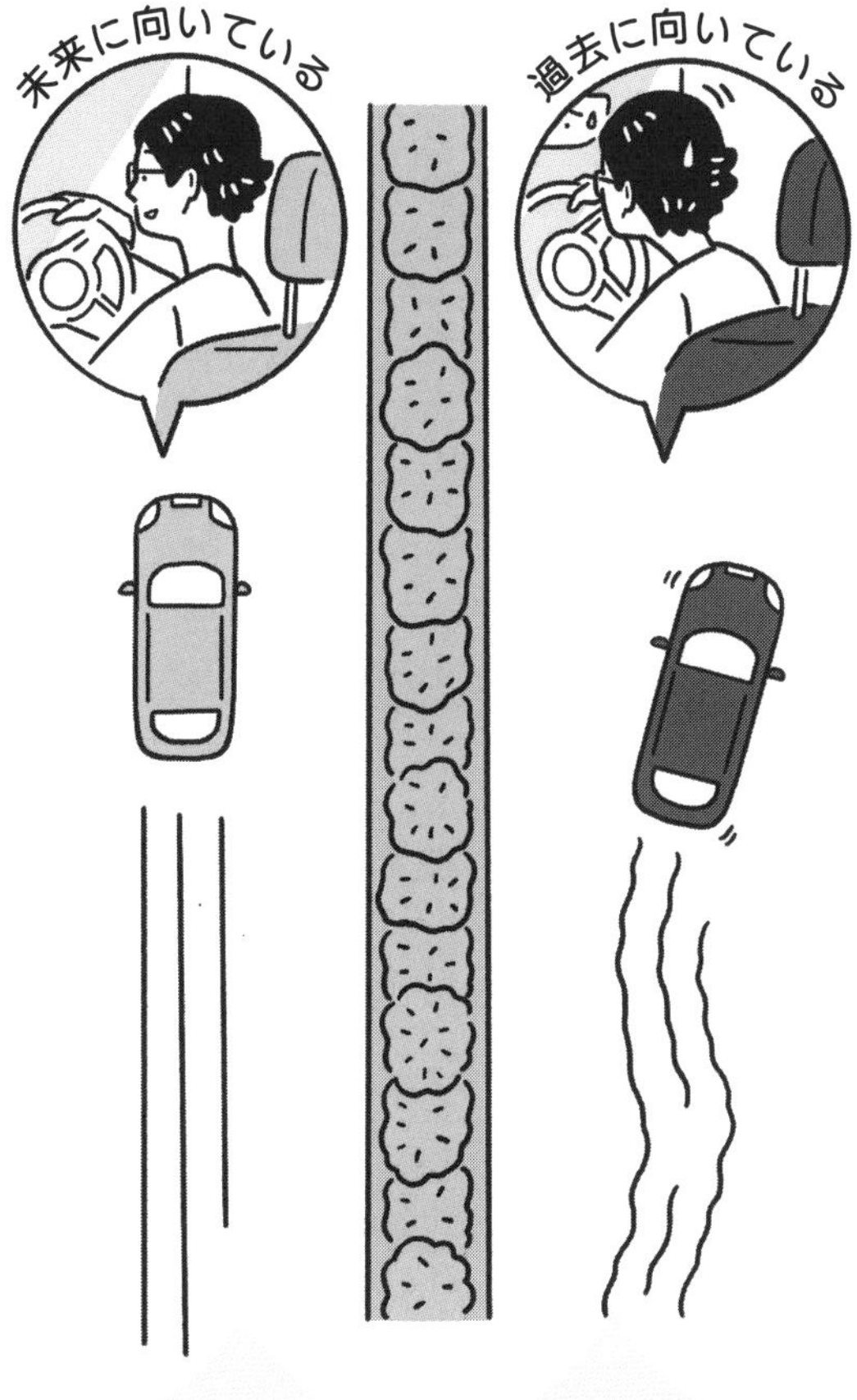

けること」に焦点を当ててしまいがちです。つまり、過去の不快な記憶から、「こんなだめな自分は嫌だ」「あんな不快なことを再び体験したくない」と、とにかく何かを避けることに偏りがちになるのです。

また、「正しいこと」にこだわる傾向も強いですね。私のクライアントを見ていても、「プロセス型」の人は、社会のルールに従うのが大好きです。「だって、これが世の中のルールでしょう」「決まり事には従うべきでしょう」というわけですが、この思考をベースにしていると、行動が「義務」になりがちです。行動が「義務」になると、生きること自体も「義務」になり、心身が疲弊していってしまう……ということは、CHAPTER 1でも述べました。

それに対して「オプション型」は、未来に起点を置いていますので、「正しいか正しくないか」はさほど重視しません。それよりも、起こる現実に臨機応変に対応することを重視します。そして、いつも「生きる目的」や「本当の自分」の姿などを基準にして判断、行動をしています。

ビジネスも健康も人間関係も、過去を向いているとうまくいきませんが、未来を向いているとうまくいきます。ここが、とても大切なポイントです。

CHAPTER 3

なぜ、ネガティブがあるほど人生はうまくいくのか

「本当の自分」が、あなたに教えようとしていること

ネガティブな感情から「生きる目的」を探る

CHAPTER 1では、「物事には必ず陰と陽の両方がある」というお話をしました。一見ネガティブな出来事にも、必ずポジティブな面があります。

とはいえ普通、人はネガティブな感情を好んで見たくはありません。怒りや不安、恐怖などネガティブな感情が浮かばないようにしよう、なかったことにしようとして、色んなものに逃避します。お酒を飲んで仲間と騒いでごまかそう、面白い映画を見て笑って忘れよう、美味しいものを食べて気を紛らわそう、といった具合です。

しかし、それらはしょせん気休めに過ぎません。

「生き埋めにされた感情は、絶対に死なない」

これは私がよく使う言葉です。精神分析学の創始者であるフロイトの言葉に、「表出されていない感情は、絶対に死なない。心の奥底に生き埋めになっているだけで、後になって、さらに醜《みにく》い形で表れてくる」

というものがあるのですが、それをもじったものです。ネガティブな感情を頑張って心の奥底に生き埋めにしたとしても、それはやがて芽を出し、花になり、「ほーら！私ってこんなにダメな人なんです！」と、存在を主張し始めます。

トラブルの原因は、いつも「生き埋めにされた自分」!?

ネガティブな感情を生き埋めにして「なかったこと」にすると、どうなるか？

生き埋めにされた「本当の自分」は、「表の自分」をガシャーンと壊しにきます。それは、顕在意識では抗《あらが》えないような、巧妙なやり方です。かつ、その人にとって最も急所となるポイントを狙って、様々な方法で示されます。たとえば、病気になりなさい、事故を起こしなさい、社会問題を起こしなさい……etc.

以前、こんなことがありました。地道に、ずっと地方の小さなライブハウスを巡っていた歌手グループが、あるとき一気に人気が出て大ブレイク、年末の国民的大イベントに出演を果たしたことがあったのです。

しかし晴れ舞台が終わって早々、メンバーの一人にとあるスキャンダルが浮上し、好感度が急降下。このメンバーは結局、グループを脱退、引退を余儀なくされました。あくまで私の想像ではありますが、ひょっとすると、このケース、このようなカラクリではないでしょうか。

おそらく、このメンバーは、自分にあまり自信がなかったのです。本人としては、ずっと「自分には価値がない」と思っていたのですが、急にブレイクして、人気と知名度が全国区になってしまった。つまり、本人の認識に反して、急に「価値ある人」になってしまったわけです。この人の潜在意識に刷り込まれた「自分はダメな自分だ」という思い込みが、この矛盾に耐えられなくなりました。

そんなときにスキャンダルが発覚、世論の注目とバッシングを集めます。

「『ダメな自分』が、価値ある人になっちゃいけないじゃないか」と、この人の「裏の自分」が、表の自分を「ガシャーン！」と壊しにきたのです。

何のためにそういう騒ぎを起こしてまで、自己破壊をする必要があったのか。

おそらくこの人は、「本当の自分」から潜在意識を通してこう言われたのです。

「自分には価値がない。だから『売れたい』という目的は間違えている。見直しなさ

ネガティブな感情を「なかったこと」にしてはいけない

い」と。**生き埋めにされた感情は、なかったことにしようとすると、いずれ必ず、その人の足を引っ張る**のです。

"進むべき道"を教えてくれる「自分への問いかけ」

こんなやっかいなネガティブな感情は、いったい何のために必要なのでしょうか。それを知るには、まず「未来の目的」に気づいていく必要があります。

たとえば、あなたの中に怒りがあったとします。それに気づいたら、怒りに振り回される前に、こう自らに問いかけるのです。

「自分には、何のためにこの怒りが必要なんだろうか」

すぐにはわからなくても、一度問いかけると、脳は答えを探し始めます。だんだん、「自分はこういう考えで動きたいので、こういうことを相手に言いたかったんだ。それを否定されたから、怒りが生まれたんだ。それが今もくすぶっているんだ」

などと気づきが始まります。そこで、自分の中から出てきた答えに対して、

「自分は、どうしてそれを主張したいの？　何のためにそれを主張したいの？」

とさらに問いかけます。

「だって、こういう自分でいたいから。こういう世の中をつくりたいから」

こうして、さらに奥まで自分の中に入っていきます。

「何のために、そういう世の中をつくりたいの？　そういう自分でいたいの？」

「だって、こういうふうに生きたいから」

ネガティブな感情は、自分の中に深く立ち入るための格好の「入り口」です。

そこから入って自らに問いかけていくと、これまでの葛藤や経験すべてが「生きる目的」につながっていくことが感じられるようになります。

ネガティブな感情を無視しようとするから、「生きる目的」がわからなくなってしまうのです。しかし、この怒りは何のために生まれたのか、それは何のためにと問いかけ続け、自分の中の奥へ奥へと入っていけば、

「こういう私でいたいから。これが私の今回の生きる目的だから」

と、「生きる目的」に必ず突き当たります。

多かれ少なかれ、人は直視したくない感情を、自分の心の奥底に〝生き埋め〟にしているものです。

実際、私がクライアントの方と個人セッションをしていると、どの人からも必ずといっていいほど、さまざまな怒りや不寛容さが出てきます。

「親が許せない」「上司が許せない」「かつて自分をいじめたあいつが許せない」……etc.

どんなに醜い感情が出てきてもいいのです。

ここで大切なのは、「許せない」という感情ではありません。

「あなたは、何のためにその人を許さないのですか？」という、心の裏に隠された目的なのです。

ある美しい役者の「女優魂」から私が思うこと

数年前、胆管がんで亡くなった、ある女優さんがいらっしゃいます。生前の彼女は、撮影現場で若いタレントが弱音を吐こうものなら、こう言って叱りつけたそうです。

「こんなことでめげるくらいなら、あなたはこの世界に向いていないのよ。さっさと田舎に帰りなさい！」

また、美貌で知られた彼女はストイックな性格でも有名でした。週刊誌によれば、「私は24時間、女優でいなきゃいけないの」と、よく口にしていたといいます。

本当は、彼女は強かったのではなく、弱い自分を受け入れることができなかったのではないか――。私はそのように考えました。

弱音を吐く若いタレントを見ると激高したのは、その姿を通して、弱い自分を思い出すのが許せなかったからではないか。そして「24時間、女優でいなきゃいけないの」

という言葉の裏にあるのは、「いつも凛《りん》とした強い私でいなくてはいけない」と常に気を張りつめている姿であるように、私には思えてならないのです。

大切な「自分の一部」を無視しようとすると……

こうした、本当の自分から切り離された自分の一部は、たとえるなら、親から無視され、いないことにされた子供のようなものです。

無視されることは、極度の苦痛です。

本当の自分の一部である「弱い自分」「感情的な自分」をいなかったことにしようとすると、いないことにされた本当の自分は、あなたに気づいてほしくてグレ始めます。

「おれを無視するなんて、上等じゃないかよ。無視するんだったら、徹底的にやってやろうじゃないか！」

そして、先述した歌手のように自己破壊的な行動に走ってみたり、自分の体を攻撃して病気になってみたりと、あらゆる手段を使って暴走を始めるようになるのです。

潜在意識、すなわち本当の自分は、こうして〝揺さぶり〟をかけて、顕在意識に、

本当の自分の存在を無視できないよう、手を尽くして働きかけるのです。

この女優さんの本当の自分も、こうしたメカニズムで、隠れた部位である胆嚢《たんのう》に病巣をつくり出したのかもしれません。

もちろん、私は生前の彼女にお会いしたことはありませんし、あくまでこれは憶測に過ぎません。しかし、30年以上のメンタルコーチとしての経験から、こうしたことは十分起こりうることで、誰にとっても他人事ではない、と申し上げているのです。

なかったことにしたいネガティブな自分、みっともない自分……。それも本当の自分の一部なのだ、と受け入れていく必要があります。

無視してなかったことにしてはいけませんし、できません。あなたが無視したいネガティブな自分も、必要があるからこそ、存在しているのですから。

あなたの人生の「欠けた部分」こそが、人に感動を与える

どうして、一見ネガティブな自分が必要だったのか。ここにも、人生のパズルを解くカギがあります。**どんな人のどんな人生にも、必ず欠けている部分があります。**ネガティブな面があります。これは必ずです。例外はありません。

いったいなぜ必要なのか。それは、**自分自身の手で育てるため**です。

ある大手企業の社長と酒宴で同席することになりました。私はある程度答えは予想していたのですが、あえてこんな質問をしてみました。

「社長は、ものすごくお金持ちですよね。どうすれば、社長みたいにたくさん稼げるようになるんでしょう?」

社長はこう答えました。

「よく人からその質問をされるんだけど、よくわからないんだよね……。自分は毎日、当たり前のことを当たり前にやっているだけだから。どうしたらお金持ちになれるかと人に聞かれても、うまく説明できない」

これを聞いて、私は思いました。

「この社長には、お金の稼ぎ方を人に教えるという役割はないのだ」、と。

「悩み、考え、自分のやり方を開発する」までが一セット

たとえばとても貧乏だった人が、自分でお金の稼ぎ方を開発してお金持ちになったとします。この人の場合、

「どうすれば、あなたみたいにお金持ちになれるんですか？」と人から聞かれたら、

「私の場合はこうやりました。教えましょうか」となるでしょう。

この場合、この人には、お金の稼ぎ方を人に教える役割があるわけです。

つまり、**私たちはみんな、今回の人生を生きる自分に与えられている役割・使命がちゃんと欠けた状態で、人生が始まるようになっている**のです。

「この〝欠けている部分〟について悩み、考え、自分でメソッドを開発しなさい。そして、人にそのやり方を伝えていきなさい。それが、あなたの役割なんだから」

と、人生、すなわち本当の自分が教えているのです。

生まれながらにしてお金持ちの人に、「どうしてお金に困っているの？　あなたも私みたいに稼げばいいじゃない」と言われても、「あなたは最初からお金持ちだから、貧乏人の気持ちなんてわからないでしょう！」と反発するでしょう。

愛嬌《あいきょう》にあふれる大変な人気者から、「どうしてあなたは人から愛されないんですか？もっと愛されればいいのに。自信を持って」と言われたら、「いつも愛情に飢《う》えている私の気持ちなんて、あなたにはわからない！」と拒絶しておしまいです。

一方、「欠けている人生」から始まった人なら、どうでしょうか。

彼らは、欠けている部分に関してはどん底の時代を経験しています。そして、そこから自分で努力して這《は》い上がった知識も身につけています。ですから、

「いやいや、私も昔は全然稼げていなかったんですよ」

「私も昔は全然、人から愛されていなかったんですよ」

と、他人に共感することができるでしょう。そして、

「でも、こうやって試行錯誤しながら、うまくいくやり方を自分で開発して、今に至るんです。そのやり方を教えましょうか?」

と言えるようになります。

人というのは、ただ知識を持っているだけの人からは学びたくありません。**実際にさまざまな体験をした人から学びたい**のです。

自分の可能性を100%引き出す最初のステップ

ここに、温室育ちでいい大学を出て、すごく知識があって説明もうまいA先生と、いまいち話はうまくないけれど、大変な苦労をして、人生の波瀾万丈《はらんばんじょう》を乗り越えてきたB先生がいたとします。

もし、「人生」という授業を受けるとしたら、どちらの先生から習いたいですか?

間違いなく、おおかたの人が「B先生」と答えるでしょう。A先生からは習いたくな

い。なぜなら、単なる知識は豊富かもしれないけれど、実際にさまざまな経験をしているわけではないから。

人間には、「実際に体験をした人から学びたい」という抗《あらが》いがたい本能的欲求があるのです。

つまり、**あなたが人に影響を与えるためには、あらかじめ「欠けている」体験が必要**なのです。必ず、その人の役割に関する部分が欠けて始まるように、人生は最初から設計されているのです。

前項で触れた女優さんが、生前このことに気づいていれば、現場で弱音を吐く若いタレントさんに対し、こう伝えることができたでしょう。

「〝弱い自分〟は、あなたにとって必要なものです。大丈夫。こうすれば、私のように〝弱い自分〟を味方につけて、輝くことができますよ」と。

嫌っていた自分、いないことにしていた自分、偽りの自分、ネガティブな自分……。そんな自分を、本当の自分の一部として受け入れていくことによって、自分の中の陰と陽が合体し始めます。**人格の統合が起こり、「本当の自分」に戻っていく**のです。

ネガティブな自分を受け入れて「本当の自分」を取り戻そう

「自分の本心」を認めて、ときめき復活！みるみる元気になった女性の話

以前、ステージ2の乳がんの人が、私のセッションにお見えになりました。40代の女性で、ずいぶん長い間彼氏がいないといいます。確かに彼女の髪はボサボサで、話し方や身だしなみの様子は、「私は女を捨てています」と言わんばかり。

そこで私は、「失礼ですが、恋愛したことってありますか？」と聞いてみました。

「学生の頃は恋人がいました。でも卒業してから破局して、今に至っているんです」

「その頃、好きな歌はありましたか？」

「そういえば、このミュージシャンのこの歌が好きだった。その歌を歌うと、大好きな彼と一緒に過ごして楽しかった日々を思い出します」

そこで、彼女にはこんな宿題を出しました。

「**1日1回、あなたが学生の頃好きだった曲を歌ってください。**うまい下手は関係あ

りませんからね」

彼女にはこの宿題を、2カ月ほど毎日やってもらいました。そして、この女性が病院に検診に行ったところ、なんと、がんがほとんどなくなっていました。わずかに残った病巣も、消えるのは時間の問題だということでした。

人格を統合すると「未来のポテンシャル」が輝き出す

実は、こんな仕掛けでした。恋愛感情は、人間にとって重要な感覚です。しかし、彼女はずっと仕事重視で生きてきて、恋愛感情をはじめとした人間的な感覚を切り捨てていました。それが、病気になった大きな理由の一つだろう、と私は見立てたのです。だからまず、**恋愛感情を取り戻してほしかった**のです。

そこで、恋愛感情を取り戻すために、恋愛をしていた頃の歌を歌うことによって、当時の自分を思い出してもらいました。彼女は、学生時代はとても健康体だったそうです。なので、当時の恋愛感情を思い出せば、元気な自分も思い出すはずだ、という仕掛けだったのです。

その頃の状態が心地よければ、脳は単純にそのときの体に戻ろうとします。そこからは笑い話のような展開です。なんと、急に一人でクラブに行くようになったというのです。

彼女は私が出した宿題をやるうちに、**今まで、自分が本当の気持ちにフタをしていたことに気づきました。**本当は勉強や仕事をするより自由に遊びたいのに、我慢して遊んでこなかった。一生懸命フタをして、見ないようにしてきた自分の本心に気づいたのです。

「本当の自分」に気づき、それを取り戻し始めた彼女。かつてはどこか暗かった表情も朗《ほが》らかになり、外見もあか抜け、以前よりずっと魅力的な女性になりました。

すると、クラブでたまたま知り合った男性と仲よくなり、本当に恋愛感情を取り戻したというのです。まさに、**彼女の心がバランスを取り始めた**のです。

「素敵じゃないですか！　その男性とどんな会話をしたんですか？」

私もうれしくなっていろいろ尋ねると、楽しそうに話してくれたのが印象的でした。それもあって、残りの病巣も消えていくだろうと感じました。

私のクライアントには、彼女のように、自分の病気をきっかけにこれまで抑えてきた本当の気持ちに気づく人が大勢います。**こうして、自分自身と向き合い、「本当の自分」に立ち返ると、心がバランスを取り戻します。**

心がバランスを取り戻すと、意識レベルが上がって体から放出されるエネルギー量も高くなります。こうなると、もはや「病気ではいられなくなる」状態です。そうして、その人の望みに合う状態に体が戻ろうとします。

「自分の望みが叶うのは当たり前でしょう」と、確信度合いが高い状態に自分でコントロールしていく方法は、このようにいくつかあり、自分に合った方法を見つけることが重要です。

「あなたは何のために、その〝不都合〟を体験しているのですか？」

親が何らかの理由で子供を育てられなくなり、施設に預けるということがあります。施設で育った人たちの中には、「自分は親に捨てられたのではないか」と、無意識で〝無価値感〟を抱いている人がいます。この、ぬぐい切れない〝無価値感〟に悩んで、私のところに相談に訪れる人がたくさんいらっしゃいます。

そのようなケースでは、私は最初のセッションでこう尋ねることにしています。

「あなたは何のために、自分自身を親に捨てさせたんですか？」

「……は？　おっしゃる意味がわかりませんが。自分がそうされたくて、させたわけではありませんよ！」

「いやいやいや、そういう見方をしているから、あなたの悩みはいつまでも消えないのです。もう一度、聞きますよ。どうしてあなたは、幼い頃、親に自分を捨てさせたのですか？」

「…………」

これは、私のセッションの席上であった、実際のやり取りです。

このケースに限らず、私はよく、クライアントさんにこう問いかけます。

「あなたは、わざわざ何のために、その〝不都合〟を体験しているのですか？」と。

これまでの〝困難〟を結び付けて「初めて見えてくるもの」

このワークについてはCHAPTER 1でも紹介しましたが、この問いかけを自分に対してすることで、「起こる現実に喜びを見出していく」ことをしてもらっています。

自分自身に問いかけ続けた皆さんは、徐々に、他人ではなく、自分に原因を求めるようになります。「自分ではない誰か」に原因を求めるスタンスに慣れてしまうと、「人生は自分の思い通りにならない」という信じ込みを芽生えさせ、強化させてしまいますから、まずは視点を変えてもらうのです。

　こうして、視点を変えて自分に原因を求めてみると、皆さん、**現実からどんな「いいこと」を引き出せるか、考え始めます。**

　CHAPTER 2でも触れたように、「何のために」自分はこの境遇を選んで生まれたのか、ストーリーにしていくわけです。

　クライアントの中でだんだんストーリーが見えてきたと見ると、またセッションで私が質問します。

「何のために親に自分を捨てさせたのか、思い出してきましたか？　そして実際に今、どういうことが起こっていますか？」

　すると、たとえばこのような答えが返ってきます。

「血のつながりがないのに、自分のことを大事にしてくれる人がいると気づいた」

「親に捨てられるような私なのに、みんなが私に人生相談をしてくるんですよ」

　私とのセッションを数回経験していても、序盤のうちは、このような回答が非常に多いのです。これを聞くと、失礼ですが、私は笑ってしまいます。

「まだ気づいてないんですか！　親に自分を捨てさせた目的を」

そしてまたこう聞くのです。

「あなたはいったい、何のために親に自分を捨てさせたんでしょうね」

困難の大きさは、「あなたのポテンシャルの高さ」に比例する

実はこういうことです。

親と仲がいい人は、どうしても家族に縛られ、「家族が第一」という枠組みの中から抜け出すことが難しくなります。つまり、「何か問題があれば家族が優先だ」という考え方に固執してしまうのです。実際、非常事態下で、「家族さえ守れれば、他人はどうなっても構わない」という考えに走りそうになった人を、あなたもたくさん目にしたのではないでしょうか。

もちろん人間ですから、その気持ちはよくわかります。ただ厳しいことを言いますが、偉人や聖人と言われる人たちと比較すると、その視野の狭さは否めません。

しかし、親や家族との関係が最初から〝切れている〟人なら、どうでしょうか。

「世の中の人たちが私の家族だ」

「多数の人たちを自分の家族とみなして、影響を与えていくぞ」

こんなふうに、そうでない人よりぐっと俯瞰《ふかん》的に、より広い視野から、物事を捉えることができます。だから、後ろ髪を引かれないように、あえて親や家族との関係を最初から〝切った〟状態で生まれてくる。

なぜなら**彼（女）らは、圧倒的多数の世の中の人たちに影響を与えていくのが役割だからです。**

だから、多くの人から人生相談をされることになるわけです。

だから、多くの人を癒やし、導くことができる器が自然と身につくわけです。

「人生はあなたに何を求めているんですか」

と私が何度も問いかけたのは、彼らに自分でそれに気づいてほしかったからです。

この人たちは、それだけ多くの人に影響を与えていきなさいと、「人生」から言われているわけです。〝親に自分を捨てさせた〟のも、たくさんの人を導くことができる能力や器を自然と備えているのも、すべて本人自身がつくり出したシナリオです。

この人たちは、生まれる前に、自分の役割をそう決めてきたのです。

クライアントがそこまで気づく段階に到達したと見ると、私はやっと、こう質問します。

「じゃあ、あなたはこれからどう生きていきます?」

自分の「生きる目的」に気づいた人はこう言います。

「やっと目が覚めました。私はその境遇から、血がつながっていない人に対しても深い愛情を感じることがあった。そのような深い愛に気づくチャンスを、私は普通の人より多く授かりました。だから私も、血のつながりがない人たちを家族として愛していくのです」

このように、**自分の「生きる目的」を思い出すと、「本当の自分」に戻っていくので、意識レベルや体から出るエネルギーがどんどん上昇していきます。**

ですから、私との最初のセッションからたった数カ月でトラウマを克服し、病気をやめ、心身の健康を取り戻していく方は少なくありません。

孤独感、ありがとう。劣等感、最高！無価値感、最強!!

人が避けたがるネガティブなものの代表格、「孤独感」と「劣等感」、そして「無価値感」について、それぞれ見ていきましょう。

孤独感

哲学者キェルケゴールは、「神と交流し、生きる目的を確かめるためには、絶対に孤独が必要だ」と説きました。

自由であるためには、孤独が絶対に必要です。

自分一人でいたければ自分一人でいることに楽しさや喜びを見出すことができます。そして、誰かといたければ、声をかけて誰かと一緒にいる豊かさを味わうこともできます。**孤独はいちばん自由で最強な状態**なのです。

劣等感

劣等感の反対は優越感と言えます。

優秀さや天才性を存在させるためには、まず劣等感が必要です。

私の知人に、ある心理学プログラムのカウンセラーになったばかりの女性がいます。あるとき、カウンセラーだけが参加できるフォローアップセミナーがありました。勉強熱心な彼女は、開始時間よりかなり早く会場入りし、空いている一番前の席に座りました。すると、セミナーの主催者側のアシスタントから、こう声をかけられたのだそうです。

「すみません。席順が決まっているので、○○さんは一番後ろの席にお願いします」

それなら仕方がないと、渋々《しぶしぶ》彼女は最後列の席に座りました。セミナーを受けた後、彼女は隣の席に座っていた仲間にこう愚痴《ぐち》をこぼしました。

「ねえ、聞いて。私、最前列に座りたくて、かなり早くから会場入りしていたのに、アシスタントに『あなたはいちばん後ろよ』って言われたのよ」

「あら、あなた知らなかったの？　この席、売上順らしいよ」

つまり、セミナーの主催者は、参加者のロイヤリティの売上を見て、それぞれがどれほど稼いでいるかを判断し、席を決めていたのでした。

そうか、いちばん後ろの席ということは、私はこの中で、いちばん売れていないんだ……。そう気づいた瞬間、彼女は「私ってだめだ、デキない奴なんだ！」と強い劣等感を抱き、いたたまれない気持ちになったのだそうです。

この話を聞いた私は、思わず笑ってしまいました。

「いやいや、あなたはまだ、劣等感の価値に気づいていませんね。もし私があなたの立場だったら、**落ち込むどころか大喜び**していますよ。だって、**優秀な見本が目の前にズラッと並んでくれているの**ですから！」

劣等感には「間違った使い方」と「正しい使い方」がある

彼女のように、劣等感を「だから自分はダメなんだ」と、自分を責める材料にしている人が多いのですが、それは劣等感の間違った使い方です。そんなもったいないことをしてはいけません。

自分より優秀な人がいることを見つけさせるために、劣等感は必要なのです。

私なら、劣等感をこう使います。

目の前に、自分より優秀な〝先生〟たちがいる。その一人ひとりを、着ぐるみだと想像するのです。そしてイメージの中で、着ぐるみの中に入り、

「この先生は、どのようにお客さんと関わっているんだろう」

「どういう考え方・価値観でビジネスをやっているんだろう」

と自分自身に問いかけます。そして浮かんだ答えを思い描き、それを自分の中に吸収していくのです。

つまり、**優れた人の価値観や考え方を、徹底的に取り入れさせてもらう**わけです。

その人のエッセンスを十分吸収したら、「失礼しました」と着ぐるみから抜け出ます。そしてすぐに、隣の〝先生〟のことも確かめさせてもらうのです。こうして、片っ端から何十人分も学習材料に利用させてもらいます。

せっかく優秀な人たちが、目の前に集まってくれている、貴重な機会なのです。劣等感は、「あなたも、彼らのようにやってごらん」と、気づかせるためにやってきてくれたわけです。

この話をした1カ月後、この女性から私に報告がありました。

「梯谷先生、やりました！　以前はカウンセラーとしての収入が月30万円だったのですが、１カ月で１５０万円になりました！」

「それはすごい！　いったい、何をやったの？」

「梯谷先生に教えてもらった〝アレ〟をやってみたんです」

彼女はとても素直な人で、私が伝えたテクニックを、早速実行してみたそうなのです。セミナーに参加し、自分の前にズラッと座っている優秀な人たちの着ぐるみに入ったイメージを実際にしてみたら、新しい価値観や視点が無意識に流れ込んできたというのです。それ以来、カウンセラーとしてやっていることはさほど変わっていないのに、彼女の月収は5倍になったそうです。つまり**彼女にとって劣等感は、カウンセラーとして大きくブレイクスルーする、とてもいいきっかけになった**わけです。

何かに気づいてほしくて劣等感があるだけ。

劣等感はこうやって使っていくのです。

無価値感

人は、自分が無価値であることを避けようとします。そして、「価値がある人にならなければ」と、仕事を頑張ったり、恋人に尽くしてみたりします。誰かを喜ばせようとするのです。

これに関連することで特に女性に多いのが、「私はいつも彼氏に重いと言ってフラれるんです」という悩みです。

ここに、A子さんとB子さんという二人の女性がいたとします。二人とも同じように彼氏に尽くしていますが、A子さんは「重い」と言って彼氏にフラれるのに対し、B子さんは「この人は手放したくない」と大事にされるのです。いったい何が違うのでしょうか。

やっていることは同じでも、A子さんの場合、内心で「自分は無価値だ」と思っています。そして、**無価値感を解消するために、価値のある人にならなければという動機から行動しているのです**。すると、受け手の彼氏はこう感じます。

「なぜ、自分の価値を、自分で決めないの？　どうして俺に頼るの？　自分の価値ぐらい自分で認めなよ」

彼女からの愛情をうっとうしく感じるので、「重い」という表現が出てくるのです。それに対して、「私にはそもそも価値がある」と思っているB子さん。彼女の場合、あくまで彼氏に**「私の価値を分け与えてあげる」という感覚**です。彼氏のほうは与えてもらう側なので、自然と「この人を手放したくない」と思うようになるわけです。

同じ行動を取るにしても、無価値感からやるか、有価値感からやるかで、相手の反応はまったく違ってきます。

これはビジネスでも同じです。自分の無価値感を何とかしたいという動機から行動すると、大抵うまくいきません。たとえばお客さんも「この人、親切なんだけど、何だかうっとうしいな」と感じたり、商品を売りつけられているように感じたりします。

「自分」という器に何を入れるか？

では、何のために無価値感は必要だったのでしょうか？

私という器があり、その中に「自分は空っぽで価値がない」という思いがあると、みんなに「私を認めて」と要求し始めます。

そこで、私という器に他人の承認が入ってくるのですが、それを受け入れ続けると、「これはみんなが勝手に入れた評価であって、自分が決めた評価ではない」、そして「私は無価値だ」という思いがずっとつきまとうのです。

だったら、一度コップの中の他人の評価を全部捨てて、自分の器を空っぽにすることです。そして、「こういうことをやっている自分は価値があると言える」と、自分という器に自分で価値を詰めていくのです。すると、「私には価値がある」という感覚になっていきます。一度、無価値感という空っぽの状態にしないと、自分で下した評価は入れられません。

昔、ブルース・リーという香港のアクション俳優がいました。彼が主演した『燃えよドラゴン』という映画は、1970年代、世界中で大ブームを巻き起こしました。その映画に、こんなワンシーンがあります。食堂のテーブルに空っぽのコップが1個あり、それを指して、ブルース・リーが言いました。

「なぜコップが役に立つかって？　それは中身が空っぽだからさ」

コップの中に何かが入っていたら、新しいものを注ぐことはできません。空っぽだからこそ、水やビールを入れて、自分の好きなように楽しむことができます。

無価値感は、「自分は価値がある」という感覚を育てるために絶対に必要なのです。

これをやっている自分は価値があると言える。

これを目指している自分は価値があると言える。

そのように、自分で価値を見出していくために、無価値感は絶対に必要なのです。


古代哲学者のアリストテレスは、「自然は真空を嫌う」と唱えたのだそうです。

自然は空っぽの状態を嫌う。つまり人は空っぽの状態があれば、無意識に何かで埋めようとしてしまうのです。そこで普通の人は、「他人の評価」や「世間の価値観」を入れてしまいます。またそこに、過去の記憶がついて複雑になってくるわけです。

ですからそれを一回捨てて、器を空っぽにします。 自然は真空を嫌いますから、早く何かで埋めないと、また変なものを入れてしまいます。

そこで、「未来の自分の目的」や「自分は人生から何を求められているのか」ということを空っぽの器に入れていきます。

これは、私の表現でいうと **「神の意志」** です。

自分という器に「他人の評価」や「過去の負の感情」を入れるのか。それとも、一回空っぽにして、「人生から与えられた役割」や、「自分の意思」、「未来への思い」を入れるのか。

何を入れるかで、「私」がどういう人か決まります。すると、周りの人からの評価も変わり、現実までがどんどん変わっていきます。

自分の誕生日を手がかりに「生きる目的」を見つけた人の話

嫌いな人、直視したくない感情、思い出したくない記憶……。

あなたの人生を構成するネガティブなものに対して、

「いったい、何のためにこの感情があるのか」

「何のために」

「何のために」

としつこく自分に問いかけ、答えを探し続けていくと、それは必ず、その人の「生きる目的」につながっていきます。

こうしてネガティブな感情すべてを、人生のパズルを解き、人生とダンスをすることに利用していくのです。ネガティブな感情は、

「何かがズレているよ」

ということを教えてくれるサインです。

今のあなたが、本当のあなたからズレているから、本来の道に戻るには何が必要なのかを教えようとしているのです。

「ああ、自分は、生きる目的の表現を間違えていたから、こんなに怒っていたんだ」

「生きる目的の表現を間違えていたから、こんなに不安になっていたんだ」

だったら、新しい表現方法を考えればいい。それだけです。

ネガティブな感情が出てくるのは、あなたが古い考えに固執していたり、新しいやり方を更新することを怠《おこた》っていたりするとき。

そんなとき、ネガティブな感情がやってきて、一生懸命、あなたがやるべきことを教えようとしてくれているわけです。

「早生まれの人の悩み」が伝えようとしていたこと

最近、がんを抱えた方が相談に見えました。

その人は幼い頃から、何かに追いかけられる夢、あるいは走って何かを追いかける夢をよく見ていたそうです。普段から、「常に何かに追いかけられている感覚」があり、それが夢に反映されているのでしょう。では何のために、その「常に何かに追いかけられている感覚」が彼女の中に発生しているのでしょうか。

この謎を探るために、この方には毎日、自分自身に「何のために?」という問いかけを続けてもらいました。その問いかけに対して出てきた最終的な答えが、こうでした。

「そういえば私、3月31日生まれなんです」

学校教育法に従えば、4月2日生まれから翌年の4月1日生まれが一学年になります。4月2日に生まれた子供はお兄ちゃん、お姉ちゃんのような存在。そして、3月31日、4月1日生まれだと、学年では一番下になります。大人になれば些細なことですが、幼い子供にとって、1年の差は無視できるものではありません。

「自分は周囲より劣《おと》っている。自分は小さい存在だ。頑張って、みんなに追いつかなければいけない」

この方の「常に何かに追いかけられている感覚」は、その子供時代の焦りから生まれていました。しかも、この人の場合、その思い込みががんをつくる要因にもなっていたのです。

「本当はどうしたいの？」に気づいた女性

では、この人は、いったい何のために3月31日に生まれ、追いかけられている感覚、自分は足りないという感覚を体験する必要があったのでしょうか。

シンプルに考えれば、「自分は何かが足りていない」の反対は「自分はすでに足りている」です。

一年早く生まれようが遅く生まれようが、自分の価値には関係がない。

自分の価値は自分で決められます。

親や学校の先生が決める価値など、どうでもいい。

「私の価値は私が決める。自分の生き方は自分で決める。そのことをみんなに伝える役割が、あなたにはあるんじゃないですか。だから、わざわざ3月31日を選んで生まれてきたのではないでしょうか」

私はそう言いました。

実はその人は、どちらかというと人生の主導権を親任せで生きてきた人でした。だから、いずれそのことに気づく必要があったのでしょう。

それからその人は、**「自分の生き方は自分で決める」と決めて動き始めました。**

自分の生きる目的に気づいて、行動に移し始めれば、必ず心身は健やかになっていきますし、それにつれて、クライアントの病気や悩みは自然と消えていくことが多いものです。

こんな「ポジティブぶりっ子」は、何の役にも立たない

「自分が悲しい顔をしていると、みんなに心配をかけるから笑顔でいなきゃ」

「こんな弱気なことを言っていると仕事にならないから、気合いを入れて、無理してでも頑張らなきゃ」

こうしたことを言う人を、私は「ポジティブぶりっ子」と呼びます。

自分のネガティブにフタをして、空元気《から》を出そうとしている状態のことです。

ネガティブな感情が浮かび上がってきたとき、こうした「ポジティブぶりっ子」に

なることで対処しようとする人が非常に多いのですが、何のメリットもありません。

まさに、百害あって一利なしです。

なぜなら、こうしてネガティブな感情にフタをして放置しておくと、ビジネスや人間関係の不具合に発展します。それでも気づかないと、事故や病気などの重いサインが出てきてしまうこともあるのです。

ですから、**ネガティブな感情は、決してあなたの敵ではありません。**

ネガティブな感情が自分の中から出てきたら、それを感じている間に、「何のために自分にはこれが必要なんだろうか」と問いかけていくことが重要なのです。

CHAPTER 4

その望みは「自分基準」か？それとも「他者基準」か？

「できるか・できないか」より「したいか・したくないか」

他者基準ではなく、「徹底した自分基準」であれ

たい焼きは、鯛《たい》の焼き型に生地を流し込み、餡《あん》を入れて焼き上げます。ところが、人によっては「自分はたい焼きが欲しいんじゃない、人形焼きが欲しいんだ」と言ったりします。そこで、「皮が違うのかな、それとも餡かな」と試行錯誤します。

しかし、粉を変えようが餡を変えようが、たい焼きの型である限り、たい焼きになります。その型が「メタ無意識」と考えてもらっていいでしょう。

メタ無意識とは、「人生の器」であり「前提」です。方向性やパターンによって、生まれる結果が違ってきます。メタ無意識には17のパターンがあり、くわしく知りたい方は、拙著『なぜかうまくいく人のすごい無意識』(フォレスト出版)をご覧いただければと思います。本書では、「人生とダンスをする」方法をお伝えしていきますが、そのためには、**自分のメタ無意識に、徹底した「自分基準」、そして「未来基準」を採用す**

ることが大切です。

マーク・ザッカーバーグ氏はどのように育てられたか

数年前、Ｆａｃｅｂｏｏｋの創業者マーク・ザッカーバーグ氏の教育法を取り上げた番組を見ました。マーク・ザッカーバーグの父親が出演し、マーク・ザッカーバーグをどう育てたかを話していたのです。

まだ少年だったマーク・ザッカーバーグは、学校から帰ると、「お父さん、ゲームを買って」と言いました。

「どうしてそのゲームが必要なのか、理由を聞かせてくれるかい」

「友達の〇〇君も〇〇君も持っていたから、僕も欲しい」

「それじゃダメだ」

ゲームは買ってもらえませんでした。

そこから時は流れて高校生になり、テレビでフェンシングの試合を見ていたマーク・ザッカーバーグ少年は、また言いました。

「お父さん、僕、フェンシングがしたい」

「そうか。どうしてフェンシングがしたいんだい？」

「強くなりたいから」

すると翌日、お父さんはフェンシングの道具を一式買いそろえ、「さあ、やりなさい」と言ってプレゼントしてくれたというのです。

この父親は、インタビューでこう答えていました。

「基本的には、本人がやりたいと言うことは全部やらせてあげた。ただ、『みんなそうしているから』という理由のものは全部、却下した」

つまり、**マーク・ザッカーバーグ氏は徹底的に「自分基準」が培《つちか》われるよう育てられていた**のです。

ちなみに彼は、いつも同じ服装をしていることで有名です。基本的には、毎日、グレーのTシャツにパーカー、デニム、そしてナイキのスニーカー。

「なぜ、毎日同じ服を着るんですか？」

「毎朝、何を着よう？　と考えることにエネルギーを使いたくないから」

その番組を見て、彼は**「超・自分基準型」**だとつくづく思いました。こういう人には、周りの目など関係ないのです。

もう「みんながそうしているから」に振り回されない

残念ながら、現状、世の中には「自分基準型」で動ける人は多くはありません。

たとえば、記憶に新しいコロナ禍では、「店頭からマスクがなくなるぞ」「トイレットペーパーがなくなるぞ」という噂《うわさ》が流れると、各地で一斉に買い占めが起こりましたよね。それだけ、自分で判断するのではなく、「みんながそうしているから」という理由で動いてしまう人が多いということなのです。

混乱の時期は、とかく他者基準型、外的基準型になりがちです。しかし、何度も述べているように、このパターンで動く人は、これからの時代、繁栄・発展することは難しく、周囲に埋もれてしまうと私は考えています。

これからの時代は、徹底的に「自分基準型」、「内的基準型」で動いていく必要があります。

「現実の捉え方」次第で、人は無敵にも無力にもなる

同じ中学校、同じ高校、同じ有名大学を出て、同じ一流企業に入ったAさん、Bさんという2人の若者がいたとします。Aさんは就職してからもずっと活躍していますが、Bさんは途中でドロップアウトしてしまいました。この2人の違いは何だったのでしょうか。

「Aさんは、どうしてこの大学を選んだの？」

「自分は将来、こういう仕事がやりたかったんです。だから、こういう会社に入りたいと考えた。そしてそのためには、この大学に入ったほうが仕事を得るとき有利だと思ったので、そこを選んだのです」

つまり、**自分のやりたいことありきで、さまざまな進路を自分で選び、決定してき**

ました。これを内的基準型、自分基準型といいます。

それに対し、Ｂさんはこうです。

「Ｂさん、どうしてこの大学を選んだの？」

「お母さんも、学校の先生も、この大学を自分にすすめてくれたから……」

つまり、**彼自身にはやりたいことはなく、進路の決め手はいつも、周りの大人たちの意見。**これが、メタ無意識でいう「外的基準型」「他者基準型」です。

「自分基準で生きてきた人」だから持てる発想とは

ＡさんとＢさんの違いは、社会に出てからよりはっきりします。

自分でこの会社に入りたいと決めた自分基準のＡさんと、親や教員がすすめるから入社した他者基準のＢさん。

社会に出ると、当然、毎日のように仕事のトラブルはありますよね。「部長、問題が起きました」と相談に行っても、上司も忙しいので「そんなものは自分で何とかしなさい」と指示されることは日常茶飯事だったりします。

こういう場合、自分基準で生きてきたAさんは、こう答えるでしょう。

「わかりました、自分で何とかします」

こう言い切れるのは、**これまでAさんが自分で考えて、決めて、行動を起こしてきた経験があるから**です。自分の力で何かを達成することに慣れているのです。「自分には何とかできる」という自信があるわけですね。

一方、Bさんは、他者基準型なので、これまで自分の進路をはじめ、すべての行動を他人に決めてもらってきました。彼の無意識には、「何事も他人に決めてもらう」という前提があります。

ですから、上司に相談したのに「そんなもの自分で考えなさい」と言われたりしたら、Bさんにはもうお手上げです。「どうしていいかわからない……」と固まってしまいます。

何か問題が起こるたび、Bさんは焦り、混乱し、パニックになります。

「相談しに行っても、どうせまた部長は自分で考えろと言うだろうし、先輩も忙しそうだから聞けないし……」と、モヤモヤは募《つの》るばかり。こうして鬱々としていき、場合によっては出社できなくなったりするわけです。

何事も自分で決めてきたAさんと
周囲に決めてもらってきたBさん

Bさん　　Aさん

何が2人の明暗を分けたのか？

Bさんのような「他者基準型」は、やるかやらないかを、自分以外の他者の基準で判断するパターンです。人に褒められたらうまくいっていると言える、という判断基準になります。

それに対して、自分の内側の信念や価値観に照らし合わせて、やるかやらないか、うまくいっているかうまくいっていないか判断するパターンが、Aさんのような「自分基準型」です。自分軸がある状態です。

この例からも明らかなように、問題なのは他者基準型です。いつも他者の基準で動いていますから、自分は自分の基準で動いていない、つまり自分の望みを叶えたことがないという思いが常につきまとうのです。

Bさんにはいつも、こんなモヤモヤとした思いがつきまといます。

「自分は親や先生の望みを叶えたのであって、自分の望みを叶えたわけではない」

そうして結局、「自分の人生は、〝見えない何か〟に振り回されている」「人生に喜びなんてありゃしない」という具合に、現実の捉え方がネガティブなものになってしまいます。

こうなると、「自分には何とかできる」という自信が身につきません。だからBさんは、本来はAさんに負けないだけの実力があるにもかかわらず、会社でアクシデントに遭遇するたびに固まってしまったのです。

自信を育むのは「自己有能感」+「自己決定感」

いったいどうすれば、Aさんのような自信が身につくのでしょうか。

自信には、2つの要素が必要です。それは、**「自己有能感」**と**「自己決定感」**です。

自己有能感というのは、自ら行動を起こして目的を達成する経験を積み重ねることで得られる、「自分はできるんだ」という感覚のことです。

もう1つの自己決定感は、**「物事を自分で決めた」という感覚**のことです。

自己有能感と自己決定感が2つそろって、初めて自信になります。

Aさんは、これまで自分がやりたいことを自分で決めて達成する、というステップを積み重ねてきたから、自信があります。

一方のBさんは、「いい学校に入る」ことで、自己有能感は育ててきましたが、周囲にすすめられたことを選び、自己決定感は育ててきませんでした。だから、大人になっても自信がないままですし、「やりたいことがわからない」という感覚がつきまとって、人生の途中で立ち止まってしまうことがあるのです。

もし、Bさんがもっと早い段階で、自分軸でやりたいことを決め、行動し、達成する「自分基準」を採用していたら。その後の彼の進路は、今とはまったく違うものになっていたのではないでしょうか。

ビジネスに限らず、芸能、スポーツなどさまざまな分野で活躍する人を見ていますと、短命で燃え尽きてしまう人もいれば、長く活躍し続ける人もいますよね。同じ素晴らしいことをやっている人でも、「うまくいく・いかない」が分かれてしまうのは、その人のメタ無意識が大きく影響しているのです。

「他人に認めてほしい」という思いが、なぜ生きる喜びを奪うのか

ヒリつくようなビジネスの世界。外資系企業に勤めるビジネスパーソンとなると、成果を出さないと一年でクビ、ということもあり得ます。

それゆえ、「成果」と「自分」を同一化してしまう人が多くいるようです。

「成果を出さない自分は価値がない」
「いくら成果を出してもまだ足りない」

という感覚がつきまとって、疲れ果ててしまうのです。

先日亡くなった、ある有名ジャーナリストの病名はＡＬＳ（筋《きん》萎《い》縮《しゅく》性《せい》側《そく》索《さく》硬《こう》化《か》症《しょう》）でした。これは、極度の緊張状態で筋肉が動かなくなる症状です。

この症状、私が見る限り外資系企業やテレビ局で働いている方に多いと感じます。

彼らの中には、テレビの視聴率と自分がぴったりと重なり合ってしまっている人が、とても多いのです。

担当している番組の視聴率が上がったら自分には価値があるが、視聴率が落ちたら自分には価値がない……。そんな信じ込みになっていることもあります。

そういう方が私のセッションに相談に見えると、

「あなたの価値は、視聴率次第なんですか？」

と突っ込んでいくことにしています。

こうした前提には、「他人に認めてほしい」という思いがあります。

「他人に認めてほしい」という価値観は、一見いいことのように思えますが、実は悪循環を生みます。

どんなに結果を出しても、「これは他人の望みを叶えたのであって、自分の望みを叶えたのではない」という思いがつきまといますから、人生に喜びを感じなくさせるのです。これがまさに体力を弱体化させ、心身を病ませていく要因になっていきます。

この状態から抜け出すためには、他人軸を離れ、自分軸を確立する必要があります。

「親との関係」を更新しないまま大人になると

そのときにカギとなるのが「親との関係」です。

というのも、人間が生まれて最初に遭遇する他人は、「自分の親」。そして、子供は親に認めてほしいという思いから行動をすることが多いです。

もちろんこれ自体は自然なことなのですが、**問題なのは、大人になっても「親に認められたい、褒められたい」という思いを残している場合。**

この場合、社会に出てからも、「親代わり」を求め始めてしまうのです。上司や先輩、恋人や配偶者を、無意識に「親代わり」と見なすようになり、「この人（たち）に認めてほしい」という思いから行動するようになってしまいます。

私の経験では、特に女性のクライアントには、大人になってからも「親（特に母親）に認められたい」という思いが残っている人が多いようです。その結果、他人に振り回されたり、人の評価が気になったり、いつも漠然とした不安があったり……。

こうして、「自分は他人の喜びを満たしただけであって、自分のやりたいことはやっていない」という前提で人生が進んでしまい、「人生に喜びなんかありゃしない」という思いが生まれ、だんだん鬱々した気分に包まれていきます。

ですから、**まず「親離れ」をしてもらう必要があります。**

そのために、親から、「ああなってくれ」「こうなってくれ」と言われた幼少期の記憶を思い出し、その当時を再現してやり直していきます。

私のワークでは、まず、親から望まれたものを全部打ち返してもらいます。このとき、実際に親を目の前にする必要はありません。あくまで、その人のイメージの中にある親と、向き合ってもらうのです。

・いい大学に入って大企業に勤めて、安定したお給料をもらいなさいと言われた
⇩「それはお母さんの望みであって、私の望みとは違うから」
・他人への思いやりがあって、いつも親切な女性（男性）であってほしい
⇩「それはお父さんの望みだよね。私はそれに従わないから」

たとえば、このような具合です。

こうして親の押し付けを打ち返したら、次は自分の「こうなりたい」という意志を決めて、宣言してもらいます。

「私はこういう人として生きるから」

こうして、「自分の中の親」とコミュニケーションを取ることで、その人は自立していきます。

そして、最後のステップです。

「成果を出せば自分に価値はあるが、成果を出さない自分は価値がない」という解釈グセから抜けて、「この行動をしているときに、私は価値があると言える」という新しい意味づけをしていってもらいます。

これは、次のように本人に宣言してもらいます。

「私はこれをやる。その目的は、世の中をこういうふうにしたいから。だから私にはこういう価値がある。以上」

いくら周りから「そんなのは大したことがない」とか「うまくいくはずがない」と言われたとしても、

「それはあなたの価値観ですよね。あなたの価値観で私を評価しないでください」

「あなたの物差しで私を測らないでください」

というだけの話です。

「この行動をしているときに、私は価値があると言える」という意味づけを自分ではっきりさせて、それを淡々とやっていくと、行動すればするほど「私は価値がある」という意味が増幅していきます。

そのとき、「他人に認めてほしい」という価値観は、必要なくなります。

「他人に認めてほしい」という思いは、一見いいことのようですが、その人の「生きる喜び」を奪うから、要注意なのです。

「人を喜ばせたい」という願いの〝意外な落とし穴〟

人を喜ばせたい。
人の役に立ちたい。
人から必要とされたい。
人に認められたい。
誰かとつながっている感覚が欲しい。
子供の笑顔を見ているときが一番幸せ。
ビジネスで高収入を手にしたい。……etc.

今挙げたものは、一般に、普遍的に求められがちな価値観です。こうした思いを胸に抱いて、よりよい人生を歩もうと日々励んでいる人は多いと思います。

ただ、これらの思いを無自覚のうちに持ち続けていると、ビジネスや人間関係、恋愛・結婚、健康などにおいて、「不具合」を生み出すことが少なくありません。

もちろん、それぞれとても重要なことです。しかし**多くの場合、それらの背景にある喜びの持ち方がズレているケースが多い**のです。

その思いが、なぜ「不都合な現実」をつくり出すのか

喜びのズレの中でも代表的なのは、「人を喜ばせたい」というものです。人を喜ばせること自体は悪いことではありません。ただ、その目的が問題なのです。

「人を喜ばせること」が主目的になってしまうと、自分の喜びが他人次第になってしまいます。他人が喜ばないと自分は喜べない、という状態になりがちなのです。

「あなたの喜びは他人次第なんですか？」

これは、私がセッションでよく言うセリフです。

何のためにビジネスを成功させたいんですか？

何のために恋愛をうまくいかせたいんですか？

何のために病気をやめたいんですか？

どう生きたいんですか？

いろいろ質問しても、「とにかく人を喜ばせたい」「人に貢献したい」としか答えられない人がいかに多いことか。

いったい、何のためにそこまで人を喜ばせたいのでしょうか。

人を喜ばせることは、他人の価値観に自分を合わせなければいけない、ということでもあります。つまり、メタ無意識でいう「他者基準型」になりがちなのです。

ということは、**自分の価値観を放棄しやすくなります。**

このメタ無意識を採用しがちな人に多いのは、次のようなセルフイメージです。

「自分は価値がない」「自分は一人では生きていけない」「一人ぼっちになりたくない」

「私は役に立たない」……。つまり、

「自分には価値がない」⇩「だから、人を喜ばせなければ」

心の裏の言葉のほうが現実化しやすいので、こうして人を喜ばせようとすればするほど、「私には価値がない」という前提が強化されていってしまいます。皮肉なことに、一生懸命行動すればするほど「私は役に立たない」という心の裏の思いが強くなってしまうのです。まるで光が強く当たれば当たるほど影が濃くなるように、影のほうが力を持ち始めるのです。それが、「表の自分」を飲み込みに来ます。「私には価値がない、でも価値がある人になりたい」ということですから、大きな矛盾です。こうして、脳は「どっちにいけばいいんですか」と二重拘束状態に入っていくのです。

「喜びのズレ」を放置し続けると、どうなるか

以前、私のクライアントに、ヒーリングを生業《なりわい》とする、いわゆるヒーラーさんがいました。この方は末期がんになって、私のもとに相談に来られたのです。非常に売れっ子で、病気になって倒れるまで、ほぼ毎日休みなく仕事を入れていました。

私は「どうしてそこまで仕事ばっかりしていたんですか」と聞いたのです。

「人の喜ぶ顔が見たくて」

私には、その言葉は真実ではないとすぐにわかりました。そこで、さらに質問を重ねて、**この人の奥深くにある本音を探っていくことにした**のです。

「いったい、何のためにそこまで人を喜ばせたいんですか？」

「お客さんが喜ばないと、あなたの喜びにはならないんですか？」

「自分の喜びは他人次第なのですか？」

「もし、それがあなたの病気の原因だとしたら、どう思いますか？」

すると、彼女は何かに気づいたような顔をして、絞り出すような声でこう答えてくれました。

「……だって、そうしないと、私は一人ぼっちだから……」

ようやく、彼女の「心の裏の言葉」が出てきたのです。

「とにかく人の役に立ち続けられないと、私の周りから人がいなくなって、一人ぼっちになってしまうような気がします。それが嫌なんです」

このヒーラーさんの中には、孤独に対する恐怖心があったのです。「恐怖に味付けされた喜び」は、まさに喜びのズレです。

人は自分の「生きる目的」に向かって行動しているとき、いちばん生きている実感を強く味わい、最も強い幸福感を得られるものです。

こんなときは、何かアクシデントに遭遇しても**「これは達成のための一つのプロセスに過ぎない」**という考えで動いていますから、脳の報酬系が働き、心身は健やかに保たれます。

しかし、喜びのズレを放置すると、どうなるか。このヒーラーさんの場合は「孤独になりたくない」という欲求が最も強いですから、脳の苦痛系が働きやすくなります。また、いつも他者基準で動いているので、誰かから批判されたりすると、すぐに自分自身の人格と重ね合わせて、「自分自身を否定された」と認識してしまいます。こうして様々なダメージを受けやすくなり、その結果、対人関係がうまくいかない、ビジネスがうまくいかない、病気が治らない……。

こうした、ありとあらゆる不具合につながっていくのです。

「他者基準」で生きるか「自分基準」で生きるかは、現実を左右する大きなポイントです。

思考の前提が変われば、言葉が変わり、行動が変わり、人生が変わる

目標達成の目的が「他者基準」か「自分基準」か、または「義務」か「欲求」か、はとても大切です。健康もビジネスも人間関係、恋愛も、

「あなたは、いったい何のためにそれをやりたいのですか？」

と、私は問いたいのです。

「みんながそうしているから」「そうしないと恥ずかしいから」

という「他者基準」だったり、

「そうしないといけないから」「常識では、そういうことになっているから」

という「義務」になっていたり。

そんな基準で行動すればするほど、脳の苦痛系が動き続け、コルチゾールやアドレナリンなどのホルモン物質が分泌されて、ストレスが溜まる状態になります。こうし

て心身は疲れ、病みやすくなってしまうのです。

「他者基準」や「義務」というのは結局、「それは自分が望んでいることではない」という前提があります。

みんながそうしているから、親がそう言うから、そうした。でも、自分が望んだことではない――。

こんな前提で生きている人が、今、圧倒的に多いのです。「こうすべき」という言葉や思考がクセになっていると、常に未来の義務を想像してしまいます。だから今、それを味わい、苦しくなります。それが、鬱や病気を引き起こすということにもつながっていきます。

だから、人生は「現実を入れる器の形」に振り回されるのです

「こうすべき」なんていう決まりきった概念から世の中を見ていると、新しいアイデアや可能性に気づけなくなり、現実に変化が生まれなくなります。

たとえば、台車をイメージしてみましょう。台車の使い道としては、どのようなものが考えられるでしょうか。決まりきった概念から考えることに慣れ切っている人は、なかなか「荷物を運ぶ」以外の方法が思い浮かばないものです。

しかし、移動するときの道具だと定義付けてみると、どうでしょうか。ベビーカーや車椅子になるかもしれません。プロ野球の試合で、ピッチャーがマウンドに出ていくときに乗っていくこともできそうです。

また、遊ぶ道具だと定義してみると、どうでしょう。キックスケーターやバイクのサイドカーになるかもしれません。また、急な坂の上から滑るときに使うと、ジェットコースターやボブスレーのような遊びもできるのではないでしょうか。

今度は、移動が楽なステージだと定義してみましょう。すると、選挙の候補者の街頭演説や、歌手やアイドルの簡易ステージにもなると考えられます。

つまり、**同じものでも、どんな意味付けをするかで、そこから生まれる可能性がまったく違ってくる**のです。

「時間がない」という言い方が、脳の動きを阻んでいる

もしあなたが時間に追われているとき、「時間がない」とつぶやいたとしましょう。

これは、メタ無意識でいう「他者原因型」です。「時間」という見えないものがあり、それに振り回されているというように、あなたの脳は認識してしまいます。

そして、〝見えない何か〟に振り回されて為す術がないように感じて、脳は行動や思考をやめてしまい、あなたには選択や行動の余地がなくなってしまうのです。

それに対して、自分原因型の言葉を使う人であれば、「時間がない」とは決して言いません。**「今は時間を確保していない」**という言い方になります。

そうすると、脳はどう動くか。

「時間がないわけではない。今はただ、必要な時間を確保していないだけだ」

「時間というのは、つくるもつくらないも自分次第なんですね。じゃあ、どうにかしましょう」

こうして、「時間を確保するのもしないのも自分次第なんですね」という前提が生ま

れてきて、脳は「じゃあ、時間をつくりましょうか」となり、時間をつくる方法を自動的に探し出します。だから、**新たな選択肢や行動の余地がどんどん生まれていく**のです。これが、メタ無意識を書き換えるということです。

「自分の責任でスケジュールを入れていないだけだ」という「主体行動型」で「自分原因型」のメタ無意識を採用している人は、行動や選択の幅がどんどん広がりますから、現実がどんどん動き始めるのです。

これが〝必ず大きく伸びる人〟の考え方

受け身的で他者原因型な立場でいるから、現実が動かず、成果が出ない。

それだけの話です。人のせいにしているうちは、まるでお話にならないのです。

うまくいっている人たちは、

「すべては、自分の意識が投影してつくり出したものにすぎない」

という、自分原因型の立場を取っています。

たとえば、病気や事故が起こったとき、普通の人は「これは自分がつくり出したものだ」とは考えません。

しかし、**うまくいっている人たちは、徹底した自分原因型なので、「自分が遭遇した病気や事故。これすらも、何らかの目的で自分がつくり出したものだ」**と捉えます。

前者のように世の中を捉えていると、「自分は見えない何かに振り回されている」という感覚がどんどん強化されていき、自分の力で状況を乗り越えることがますます難しくなります。

しかし、後者のように世の中を捉えていると、脳も「何のために、自分はわざわざこの不都合をつくり出しているのだろう？」と自分を中心に考え始めるので、柔軟な行動が可能になります。結果、**新しい流れをつくり出すことが容易になる**のです。

失敗したときに「ワクワクする人」「落ち込む人」

ある興味深いデータがあります。某大学の脳科学研究所がこんな実験をしました。ストップウォッチを2つ置いて、被験者がそれを5秒ぴったりで止めることができたらご褒美を差し上げます、という実験でした。

第1の実験群は、コンピュータが選んだストップウォッチを使って、脳の前頭前野がどう動くかを調べました。コンピュータが選んだA、もしくはBのストップウォッチを、「5秒だ！」と思ったタイミングで止めてもらいます。

成功すると脳は喜び、ポジティブに動きました。プラス4という数値を示したのです。しかし失敗するとネガティブに動き、マイナス5という数値を示しました。

成功よりも失敗のほうが、よりへこんだというわけです。

第2の実験群は、自分の好きなストップウォッチを選んでから挑戦してもらいました。こうして「5秒だ！」と思ったらそのタイミングでストップウォッチを止める。

その結果、面白いことが起きました。成功しても、脳はあまり喜ばないのです。数値としてはプラス1にしかなりませんでした。それに対して失敗すると、マイナスに振れずにむしろプラス4・5になりました。

つまり、失敗したにもかかわらず、コンピュータが選んだストップウォッチで挑戦して成功したときと同じくらい、ポジティブな反応だったのです。

自分で選んだストップウォッチで成功しても、脳は喜ばない。**むしろ、失敗したときのほうが脳は喜んでいる。**一体なぜ、こんなことになったのか……？

ゲームは絶対、うまくいかないときのほうが「盛り上がる」

そこでわかってきたことがあります。**脳が喜ぶかどうかは、「本人の自己決定感の有無がカギである」**ということです。

コンピュータが選んだストップウォッチでゲームをしても、自己決定感がありません。自己決定感がないときほど、うまくいったからうれしい、失敗したらへこむ。つまり、人は単純に結果だけを見て、そこに一喜一憂してしまうのです。

それに対し、自分が選んだストップウォッチの場合は、どうなるか。成功してもあまり喜ばないのは、「だって、自分で選んだストップウォッチでやるのだから、成功するのが当たり前だから」という前提があるためです。

ではどうして、失敗するとプラスに動くのか。どうやら、失敗した瞬間に、脳は「どうすればうまくいくのだろうか」と考え始めているらしいのです。

つまり、脳にとっては、新たなゲームが始まっていたのです。ゲームというものは、うまくいかないときのほうが、盛り上がりますよね。あなたにも覚えがあるのではないでしょうか。**「くそっ、うまくいかない！　面白い、上等だ、やってやろうじゃないか！」**というあの感覚です。これは、私たちの脳も同じことなのです。

この実験結果は、非常に面白いことを私たちに教えてくれます。

特に私が注目するのは、この実験結果からわかることを逆にいえば、**失敗したときにネガティブになるということは、自己決定感がない証拠である、**ということです。自己決定感がないときというのは、だいたい「義務」でやっているときです。

「みんながそうしているから」「誰かに、そうしろと言われたから」という具合です。その人の中で、行動が「義務」になっているのか「欲求」になっているのか、確かめるのは簡単です。たとえば、ビジネスを成功させたいという人が相談に見えたとき、私はこう尋ねることにしています。

「ビジネスがうまくいかなかったら、どう思いますか？」

「悲しいですね」「腹が立ちますね」「へこみますね」……。

こういったネガティブな感情が出てくるということ自体が、その人に自己決定感がないという証拠です。恋愛をうまくいかせたい、という人には私はこう質問します。

「恋人に突然フラれたとしたら、どう感じますか？」

「へこみますね」「悲しいですね」……。

このケースも、本人にまるで自己決定感がありません。あなたはいったい、何のために恋愛しているのですか、と言いたくなります。

うまくいかなかったときこそ、自分が何のためにそれをやっていたのかを振り返る、絶好のいい機会なのです。

それは失敗ではなく、「ただの通過点」なのです

自己決定感がある人たちに、「もし成果がうまく出せなかったり、目標や望みが達成できなかったりした場合、どう思います？」と聞くと、こう答えます。

「質問の意味がわからない。そもそも、自分がうまくいかないわけがないから」

そこで、さらに質問します。

「そうはいっても、もしうまくいかなかったらどうします？」

「それは、そのとき、たまたまうまくいく方法ではなかっただけ。**絶対に別のうまくいく抜け道を探してやりますよ**」

おわかりでしょうか？　自己決定感がある人は、自分がうまくいかないことを絶対に認めません。

前項でご紹介したストップウォッチの実験を思い出してみてください。まさに、あ

の実験でいうBパターンの失敗したときと同じです。このタイプの人たちは、たとえ失敗しても絶対にネガティブには振れません。

即座に、「じゃあ、どうすればうまくいくだろうか？」とワクワクしながら考え始めるのです。本人の中では、もう新しいゲームが始まっているわけです。

「工夫の余地」があるからこそ、ゲームは楽しい

元々、脳にとって、ストレスは栄養源です。

「何回やっても100％勝つ」とわかっているテレビゲームがあったとして、あなたはそれをプレイしたいと思いますか？　何をやってもどうせ勝つのだから、すぐにつまらなくなってくるでしょう。

「どんな下手な打ち方をしても、絶対にきれいに真っすぐ飛ぶゴルフクラブ」が開発されたとします。最初はみんな面白がって買うかもしれませんが、その途端、ゴルフがとてもつまらなく感じられるようになるはずです。どんなに下手でも真っすぐきれいに飛んでしまうのですから、工夫することができなくなるからです。

脳にとってのストレスも、これと同じです。新しいアイデアや選択の余地を探してフル回転することは、本来、脳にとっては大歓迎なのです。

「失敗」はない、あるのは「ゴールのための布石」のみ

誰の人生にも、うまくいかないことは当然あります。達成できないこともあります。しかし、「うまくいかないこと」は、その人の人生という大きなプロセスの中の、たった一つのパーツに過ぎません。

うまくいく人は、「生きる目的」という俯瞰的なくくりから物事を捉えるので、その「うまくいかなかったこと」が、自分にとって、何のために必要だったのだろうかと考えていきます。メタ無意識でいうと、「未来基準型」、「楽観型」、そして「自分原因型」、「自分基準型」「オプション型」です。とにかく、いずれのメタ無意識の型も、

「全部自分が決めたことであり、他者が何と言おうと関係ない」

と捉える点で共通しています。

このメタ無意識を採用している人は、こう考えるのです。

「うまくいっているかいないかは、他人ではなく自分が決める」と。

脳の動きがガラリと変わる「魔法の一言」

普通の人は、とかく「他者原因型」になりがちです。「あいつが悪い」「こいつが悪い」「あの人にこんなことを言われた」「やっぱりうまくいくわけがない」……。

それに対して、うまくいく人は、こうです。何かにつまずいたとしても、**「これは、いったい何のためにうまくいかないんだろうか」**と「自分原因型」で見ていきます。**たったこれだけで、脳の動き方が変わってきます。**

たとえば「ビジネスがうまくいかなかった」と言うと、これは「他者原因型」です。これだと脳は、為す術がないという前提で話を進めます。

しかし、「私はビジネスをうまくいかせなかった」と自分原因型で言うと、脳はどう反応するか。

「ビジネスをうまくいかせるもいかせないも自分次第なんですね。じゃあ、どうにかしましょう」

そして、新しいアイデアや選択の余地が生まれます。

「受け身で他者原因型」な人の現実が動かない理由も、これを読めば納得できますね。

なぜかいつもうまくいく人になりたければ、「他者原因型」を脱出して、「自分原因型」のメタ無意識に書き換えていくことが必要です。

「未来がうまくいく」と信じられないときには、こう考える

あなたは、望んでいることがうまくいかなかった場合、自分で自分のことをどう思いそうですか？　クライアントに尋ねると、たとえばこんな答えが出てきます。

「自分には能力がないのかなと思う」「自分は弱い人間だからだと思う」

他にはどういう信じ込みが芽生えそうですか？

「やっぱり人生って思い通りにならない」「そもそもこんなビジネス、うまくいくわけがないと思いそうだ」

つまり、**隠れていた「心の裏の言葉」が出てくる**わけです。元々、その言葉があるから、不安が現実化してうまくいかないのです。私のセッションでは、そこを組み立て直します。そこで、こんな質問をします。

Q1 うまくいかないことが起こったとき、どう判断しますか？

たとえば、このように意味を付け直すことができます。

「これは、自分の行動に『自己決定感がない』ということを気づかせるための、フィードバックだったと判断する」

「もう一度、目的を付け直す必要があると判断する」

「自分は能力がない、私は弱い、人生は思い通りになるわけがないなどの、役に立たない信じ込みを使っていたことに気づくフィードバックだと判断する」

Q2 今度、再び同じようなことが起こったらどう対処しますか？

たとえば、こんなことが考えられます。

「自分は本当は何がやりたいのか、自己決定感のところから見直す」

「どういう目的でビジネス、あるいは恋愛をするのか、目的を付け直す」

「私は能力がない、自分は弱い、人生は思い通りにならないなど、信じ込みをつくった記憶を処理しておく」

こうした対処法をあらかじめ考えておくのです。そして、もし避けたいこと、望みが叶わないことが起こった場合は、そこに目的を見出しておくのです。

「望みが叶わないということは、目的の間違いに気づかせるために起こる。
だから、それは一見、ネガティブなことだったとしても、必ず自分の進化・成長につながるし、もっと新しい方法を開発しろというフィードバックだと判断する。
そして、新しい方法を開発し、それが世の中の進化・成長させることにつながる。
そのために、私は『今は望みを叶えない』ということをやる」

こうして、自己決定感を付けておくのです。つまり「今、望みが叶わない」ということには必ず意味がある、と考えます。

達成しても達成しなくても、両方、自己決定感がある状態にしておく。そうすると、人生から怖いものがなくなっていきます。

「100％の成功率」を誇るナンパ法のカラクリとは

前項でお話しした、「達成しても達成しなくても、両方、自己決定感がある状態にしておく」ということ。私は、その面白い具体例を実際に目にしたことがあります。

昔、私が催眠《さいみん》療法の勉強をしていたときのことです。参加者が8人ほどの小さな一日セミナーに参加しました。その中に1人、茶髪でピアスをした、チャラい感じの男性がいました。実際、見た目だけでなく、「池袋でナンパ師してまーす！」というノリで自己紹介をするのです。最初、私は「なんて軽いんだろう。好きになれないタイプだな」と思ったほどです。

さてランチの時間になり、受講生全員で食事に行くことになりました。そこで私は、彼に興味本位で聞いてみたのです。

梯谷　「あなた、池袋でナンパ師をしていると言いましたよね」

ナンパ師　「そうです。毎日、池袋駅前でナンパしてる。1日100人に声をかけるというノルマを自分に課してるんで」

梯　谷　「1日100人！　それはすごいですね！　それで、成功率はどれぐらいなんですか？」

ナンパ師　「100人に声をかけて、1人うまくいくかどうか。だから成功率1%くらいかな。やり方を変えるまではね。今ではやり方を変えて、成功率が20〜30%にまで上がったんですよ」

梯　谷　「ええっ！　一体何をどう変えたら、そんなに成功率が上がるんですか？」

彼はこう説明してくれました。ナンパのトークや声のかけ方自体は、全然変えていない。ただ、**女性に声をかける前に一言、こう付け加えることにした**のだそうです。

「俺、今からあなたをナンパするけど、絶対に断ってね（笑）」

こう断りを入れてから、いつものナンパトークを繰り出していく。こうすると、相手も面白がって話に乗ってくるのだそうです。それで成功率が20〜30%に上がったというんですね。それを聞いたときに、「この人、ただのチャラ男じゃない。むしろ天才だぞ」と思いました（笑）。

彼はこうして自分に〝暗示〟をかけた

これがまさに、先ほどの会話に登場した仕掛けだったのです。どういうことか、もう少しくわしくご説明しましょう。

彼は元々、ナンパが目的です。ナンパできれば成功ですが、最初に「絶対に断ってね」と自分で言っていますから、断られても成功。つまり、**どっちに転んでも、彼にとっては成功**なのです。確かに成功したらラッキーですが、断られても失敗ではないので、落ち込むことはないというわけ。そのように自己決定感を付けてあったのです。

こうすると、どっちに転んでも成功だという信じ込みが芽生えますから、**「私には成功しかない」という認識になり、本当に現実で成功し始める**のです。

このように、一見失敗だということにも、自己決定感が付くように自分で仕掛けをしてしまえば、どっちに転んでも成功だと脳が認識し、現実の流れが変わってくるのです。

毎日を「喜び」と「達成感」で満たすワーク

得ようとしていること、やろうとしていることを行動に移すときに、「やらなきゃ」という言葉が無意識に心の裏の言葉として浮かんでいる場合、これは「義務」になります。

「ああ、朝だ、起きなきゃ」「ああ、もうお昼だ、何か食べなきゃ」「ああ、歯を磨かなきゃ」……。こういった言葉の裏には、「私は常に、〝見えない何か〟に振り回されている」という前提があります。

これが「義務」です。これでは結局、何かを得たり達成したりしたとしても、「これは、本当は自分が望んだことではない」という意識がつきまといますから、頑張っても頑張っても、人生に苦痛しか感じません。

それに対して「欲求」は、単純に自分がやりたいからやります。

「よし、今日もこういう目的のために起きよう」

「今日もこういうために頭に刺激を与えて、アイデアをどんどん浮かばせるために歯を磨くぞ」

欲求を前提として行動している人は、そんな意識になります。

あなたは普段、何気なく「ああ、〇〇しなきゃ」という言葉が口からポロリとこぼれたりしていませんか？　**それでは「義務」という感覚がますます強化されていきますから、注意してください。**ここでは、無理なくメタ無意識を「義務」から「欲求」に書き換えるワークをご紹介します。

勝負は「朝、目が覚めた瞬間」から始まっている

まず、起きたら一日やることを洗い出します。　というのも実は、「朝、起きること」がすでに義務になっている人が多いのです。

あなたは朝、何気なく「〇時だ、起きなきゃ！」などとつぶやいてはいませんか？

その時点で、「さあ、今日も一日、義務が始まるぞ」と言っているのと同じことです。

いったい、あなたの一日は、誰に振り回されているのでしょうか？　自分ではない「何者か」に振り回され続けていたら、心身が疲弊していくでしょう。

朝起きたら、歯を磨くという人も多いでしょう。では、何のために歯を磨くのでしょうか。

「だって、虫歯になって治療のために仕事を休んだら、職場のみんなに迷惑をかけるし、嫌われるし、自分も気持ち悪いし……」

これだと全部、「問題回避」で「義務」です。

新聞を読む人もいますね。では、何のために新聞を読むのですか。

「だって、仕事でみんなの話題についていけないと嫌だし、お客さんと話すときに世の中の流れについていけないと嫌だし」

これも「問題回避」で「義務」になっています。

こうやって、**一日にやることを洗い出し、自分はそれを「義務」でやっているのか「欲求」でやっているのか、いちいちチェックしていく**のです。すると、大半が「義務」でやっていることに気づくでしょう。これでは仕事も人生もつらいものになってしまいます。

その「義務」を「欲求」に変えていく必要があります。

私の場合、朝起きるときに、うっかり「ああ、起きなきゃ」とつぶやこうものなら、もう一回、寝直すことにしています。そして、

「よし、今日はこういうことに喜び、感謝をするために起きるぞ！」

とつぶやいてから起きるのです。そうすると**「今日も、喜び、感謝が待っている」という前提から一日を始めることができます。**

日々の何気ない行動を「欲求」に紐付けていく

起きる時点から、すべては始まるのです。何のために、あなたは歯を磨くのか。

「私はこういう生きる目的があって、こういう欲求があって、そのためにこういうビジネスをする。そのために歯を磨く。歯を磨くことによって脳が刺激され、アイデアが湧きやすくなる。だから、ビジネスを成功させて生きる目的につながる。だから、私は今日も歯を磨く」

何事も、このようにやっていきます。

さあ、あなたは何のためにご飯を食べるのか。「おなかが減ると生きていけないから」ではありません。

「ご飯の糖分を取ることによって脳に栄養が行き渡り、血流がよくなって、アイデアが湧きやすくなり、ビジネスが成功して、生きる目的につながる。だから、私はご飯を食べる」

新聞を読むときも、こうです。

「私は生きる目的を達成するために、こういうことをする。そのためには世の中の流れを知り、まだみんなが気づいてない世の中の流れの背景を理解して先手を打ち、ビジネスをする。それは、自分の生きる目的につながる。だから、私は新聞を読むんだ」

こうしてすべてを「欲求」に紐付けていくのです。

大型連休明けの気分をチェックしてみよう

最初の2週間ほどは、意識的につぶやいてから行動に移します。

それを毎日やっていると、脳は放っておいても、

「義務」から「欲求」へ付けかえていく意識革命

「ご飯を食べる目的はこれですね」「新聞を読む目的はこれですね」
と、**自動的にやってくれるようになります。**だから、
「また目的に近づいた」「また目標達成に近づいた」「毎日が楽しい！」
と、毎日が面白くなってくるのです。

それが「義務」や「問題回避」で始まっていると、「またつらい」「早く週末の休みにならないかな」ということになります。

よく大型連休明けなどに、空港や新幹線乗り場にいる人をテレビが取材していますね。インタビュアーはだいたいこう尋ねます。

「今、どんな気分ですか？」

「また明日から仕事に戻らなきゃと思うと、憂鬱ですね」

私などは毎年、その様子を見るたびに、「この人たちは義務で仕事をしているのか？　心身が消耗して、健康を害さなければいいけれど」と心配になってしまうのです。

あなたには、心当たりはありますか？　もし少しでもドキッとすることがあるならば、**自分の目的が義務か欲求か、方向性をチェックしてみてほしい**と思います。

CHAPTER 5

思い通りに現実を動かすために知っておきたいこと

脳の「基本的に逆に動く」性質を利用する

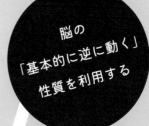

「ゴリラが投げる糞に当たって喜ぶ人」の話が教えてくれるもの

あなたはデートで動物園に行きました。当然、めいっぱいおしゃれをしています。恋人とゴリラを見ていたら、ゴリラが糞を投げ付けてきました。そしてなんと、あなたのきれいな服にビシャッ！　とゴリラの糞が付いてしまったのです。

このとき、あなたはどう思いますか？

「このやろう、うんこなんかを投げ付けて！」

私だったら、間違いなくぶち切れるでしょう（苦笑）。せっかくきれいな服を着てきたのに汚されて、落ち込んで帰りたくなるかもしれません。

しかし、ちょっと落ち着いて、周囲を見渡してみましょう。なんと、**他の見物客の中には、糞を投げ付けられて大喜びしている人たち**がいます。ゴリラが糞を投げようとする素振りを見せると、わざとぶつけられに行く人まで出てきました。

一体なぜ、彼らは喜んでいると思いますか？

目の前で「楽しみにしていた食事」が売り切れたのに

もう一つの話をご紹介します。

メディアで紹介されて、とても人気のある飲食店があったとします。

テレビで紹介された料理が食べたい一心で、あなたはその店の前の行列に並ぶことにしました。2時間並んだところで、あなたの2人前の人が店に入りました。

「やった、あと2人だ」と喜んでいると、突然お店の人が出てきて、こう言いました。

「すみません、今日はもう、料理が終わってしまいました」

さて、このときあなたはどう思ったでしょうか？

「せっかく2時間以上も並んだのに！」と怒りを感じる人もいれば、「やっぱり私は運がない……」と自分を責める人もいるでしょう。「私はだめな人間だから罰が当たった」と罪悪感を覚える人だっているかもしれません。

しかし、他のお客さんたちの中には、こう言って喜んでいる人がいます。

「今日はもう料理が終わったのか。ラッキー♪」

彼らがどうして喜んでいるか、おわかりになりますか？

一見、奇妙な反応に隠された〝意外な背景〟

荒唐《こうとう》無稽《むけい》な話と思われたでしょうか。しかし、ゴリラのほうのお話は、実際にニュースで流れていた話です。これを見て、私は**「なるほどね」**と思ったのです。

動物園でゴリラに糞を投げ付けられて喜んでいる人たち。

飲食店の行列に数時間並んでいたのに、「すみません、今日は料理が終わっちゃいました」と言われて「ラッキー♪」と喜んでいる人たち。

この人たちはなぜ喜んでいるのでしょうか。

たとえば、その飲食店のホームページにこう書かれていたとしたら、どうでしょう。

「当店に一時間以上並んだにもかかわらず、料理が終わってしまってお食事できなかったお客様には、お詫びとして、お一人様当たり１００万円をお支払いします」

店のルールを知った上で、行列に2時間以上並び、「すみません、今日は料理が終わってしまいました」と言われたら……。当然、「ということは、100万円もらえる！　やったー！」となると思いませんか。

「ゴリラに糞を投げ付けられて喜ぶ人たちがいる」というニュースを見て、私も最初は不思議に思いました。どういう人たちが、どんな理由で喜ぶというのだろう。

ニュースの続きを見て、理由を聞いてわかりました。

糞を投げ付けられて喜んでいるのは、受験生たちだったのです。つまり「運が付く」と言ってゲン担ぎをしていたのです。だから、ゴリラに糞を投げられるのを喜んでいるわけです。

起こっている現象は同じでも、背景にある前提やルール、情報が変わっただけで、呼び起こされる反応や行動がガラリと変わるということがわかります。

自分自身を取り巻く前提やルールとは、人生の器のようなもの。それが無意識に、人の行動を決めてしまうのです。

「遺伝子は変えられる」が今の常識

「エピジェネティクス」という、生命科学の新しい概念をご存じでしょうか。近年、日本でもこれに関する書籍が次々刊行されている注目の分野なのですが、その内容をざっくりご説明すると、こうなります。

「環境や生活習慣、食事、人間関係など、後天的な条件によって遺伝子は書き換わる」

約半世紀前まで、「遺伝子は変えられない」という考え方が主流でした。しかし今や、**取り巻く環境によって遺伝子が動きを変えるということが常識**となりつつあります。

遺伝子は親からそのまま受け継がれますが、取り巻くタンパク質に影響されます。タンパク質は、それを覆っている細胞に影響されます。細胞は、それを取り巻く環境に影響を受けるのです。このことから、自分がどういう前提で動いているかによって、最終的に遺伝子も動き方を変えることがわかります。

「遺伝子は環境によって書き換わる」という事実を私なりに解釈すると、こうなります。「環境（文化やルール）によって、遺伝子は書き換わるのであれば、それを利用して、我々も現実を変えることができるはずではないか」と。

つまり、**我々の背景にある「前提」を差し替えることで、無意識に呼び起こされる言葉が変わり、行動が変わり、現実も変化します。**

この背景に注目しないから、現実が硬直化してしまうのです。

「私の現実はなかなか変わらない」

「自分を変えたいのにを変えられない」

そう思い込んでいる人ほど、自分の「人生の器」が今どうなっているのか、前提を見直してほしいのです。

「心の裏の言葉」に合うように、現実がつくられていく

心の裏には言葉があります。それが前提となり、目に見えない無意識の器を形成しています。**現実は、その器の形に合うように見えてくるし、立ち現れてくる**のです。

以前、一部上場企業にお勤めの女性が、卵巣がんになって私のところに相談に来られたことがありました。その会社は、女性の社会進出を応援するプロジェクトを進めており、彼女はそのプロジェクトの責任者でした。私はこう質問しました。

「そもそも、あなたはどうして女性の社会進出を応援したいんですか？」

「女性が社会で活躍したほうが日本も世界も明るくなります。素晴らしいことだと思いますが」

「そりゃそうでしょうけど……。では、もう一度聞きますね。あなたはどうして女性の社会進出を応援したいんですか？」

「女性の価値を高めたいんです」

つまり、もともと彼女は、「女性の価値が低い」と思っていたわけです。**彼女の「心の裏の言葉」がそこに隠れていた**のです。

「女性の価値が低いと思うとき、どんなイメージが浮かびますか？」

「そういえば……、私の地元では、男尊女卑の傾向が根強く残っていました。実際、私の父は、よく『女は役に立たない』と言っていました」

その様子を見ていた幼い頃の彼女は、こう信じ込んでしまったのです。

「そうか、女性は価値が低いんだ。だったら、女性の価値を高めなきゃ」

脳は問題を回避する方向により強く動きますから、彼女の体が卵巣がんになったのは、私としては納得です。なぜなら卵巣は子供を産むための器官であり、新しいものを生み出す女性性の象徴でもあります。

「新しいものを生み出してはいけない。女性の価値を高めてはダメだ。だって、私は価値のない人間なんだから」

こうして、脳は自らの女性性を捨てるために、卵巣をダメにする方向に動いてしまったのです。彼女の卵巣がんは、そんな信じ込みがあることを彼女に教えるためにやってきたといえます。

病気を生み出す要因の一つに、本人を縛っているセルフイメージや思い込み、そして、それらをつくっている脳の動かし方があると私は考えています。

実際、私のメンタルコーチとしての経験からも、卵巣や子宮といった婦人科系疾患に悩むクライアントとセッションし、その人の心の深いところを探っていくと、女性性の否定が隠れているケースはかなり多いのです。

「私は強くなりたい」という願いはなぜ恐ろしい？

クライアントを見ていると、他によくあるのが「私は弱い」という「心の裏の言葉」。こういう人は、表向きは「強い人になりたい」と思い始めます。すると潜在意識は、「『強い人になりたい』と言い続けられる状況をつくればいいんですね。了解です」となります。そうして、本当にそのような現実がつくられるのです。

たとえば、「弱い人でいられるようにしてあげます。弱い人でい続けるために、いいブラック企業を見つけてきました。ここならちゃんと、あなたを弱い者扱いしてくれますよ」と潜在意識がお膳立てしてくれるのです。そして、その人はブラック企業に入り、「やっぱり私は弱い」と感じる現実を体験し始めてしまう。

このように、「心の裏の言葉」こそが現実をつくっていくのです。

まず、どうなりたいか「自分で決める」のが望みを叶える近道

原因があるから結果が生まれるわけではありません。**結果に合うような原因がつくられる**という関係性があります。これが、「脳は逆に動く」ということです。

ですから、**現実を変えたければ、自分の「心の裏の言葉」を変えるのが近道**なのです。

たとえば、「私は価値がある」という「心の裏の言葉」を変えるとします。

価値がある自分は気持ちいいですから、価値のある自分を表現しようとしますよね。だから、自然と自分の中に余りある価値を人に分け与えるようになります。こうなると、周囲も「〇〇さんってとてもいい人ですね、価値がある人ですね」と認識す

るようになります。

この順番を間違えてはなりません。周囲が「この人は価値がある」と認めているから、その人に価値があるのではないのです。

そうではなくて、**まず本人が「私は価値がある人」と決めていることが重要**です。だから、自然と自分の価値を認めてくれる人を周りに集めたり、自分の価値を表現できるような仕事に就《つ》いたりするのです。そうして、どんどん「この人は価値がある人だ」と周囲から認識されていくわけです。

「心の裏の言葉」に合うように現実が用意されていくのに、それを見落としている人が世の中には少なくありません。こういう人は、目の前で起こった現実しか見ていないので、自分の中で人生が一つのストーリーになっていません。だから、人生のパズルが解けないのです。

でも、**「結果」（未来）から推測していくと、誰でも解ける**ようになります。これが脳のメカニズムです。

あなたの現実は、すべてあなたがつくった映像である

前項のおさらいになりますが、前提という、現実を入れる「人生の器」があります。その人が人生をそもそもどう解釈しているのか。これによって結果が変わってくるわけです。

心の裏の言葉が前提となり、人生の器となって、現実に影響するのです。

たとえば、「孤独は悪いもの」という器に入っていると、孤独感は「じゃあ、悪者として振る舞ってあげなきゃ」という立場をとります。

しかし、「孤独って必要なもの」という器に入っていると、「自分は何のために生きるんだろうと問い掛けるためには孤独が絶対に必要。周りの価値観に振り回されることから離れよう」といった具合に、**孤独感が「必要なもの」として振る舞ってくれるようになります。**

一般的に、人は、原因があって結果がつくられると思っていますが、それは大間違いです。**もともと結果があり、その結果に合うように原因（現実）がつくられていく**のです。「脳は基本的に逆に動く」と言われるゆえんでもあります。

これさえわかれば、あっさり現実が好転していく

自分がつくり出したい結果、その目的を明確にしたら、自分に対する解釈、相手に対する解釈、外の現実に対する解釈を変えるところから現実を変えていくことです。

たとえば、「自分はダメな人間だ」「自分は弱い」「自分は価値がない」、そんな解釈を持っているから、脳が、「ほら、やっぱり私は価値がないじゃない」という証拠集めをして、その通りの現実をつくるわけです。

人間関係でも、そうですよね。たとえば、あなたが経営者だったとして、「このスタッフは全然ダメだ」と信じ込んでいれば、相手はあなたの〝期待〟通り、ちゃんとダメなスタッフとして振る舞ってくれます。ですからやはり、**現実を変えたければ、まずはあなたの中の解釈を変えるところからスタートすること**が大切なのです。

「私ってこういう人」と決めたら、なぜうまくいき始めたのか？

セルフイメージ（自己認識像）は、その人の「見えない看板」のようなものです。一見、表向きはさほど変わらないように見えますが、**現実は「あなたが背負っている看板」に反応し、変化するもの**です。

あるカウンセラーさんは、セミナーや個人セッションをやっているのですが、頑張って集客しても、集めたい人数のせいぜい2割程度しか埋まらないのが悩みでした。

彼女から相談を受けた私は、こんな質問をしてみました。

「集客がうまくいかないとき、自分で自分のことをどう思います？」

「私って能力がないのかなと思います……」

「なるほど。自分は能力がないと想像すると、どういう自分の姿が浮かびます？」

「一人ぼっちの自分を連想します。そういえば、私は昔から『自分は一人ぼっち』という感覚があるんですよ」

「なるほど。一人ぼっちの私を想像すると、さらにどういう絵が浮かびます？」

「暗い部屋で膝《ひざ》を抱えて、小さくなっている自分が見えます」

「周りに何か見えますか？」

「大人たちが私のほうを指差しながら、ヒソヒソ話をしている絵が見えます」

暗い部屋で膝を抱えて小さくなっている自分を、大人たちが囲んで指差しヒソヒソ話をしている。その五感情報に、「私は一人ぼっち」「私は孤独」という言葉が張り付いて、彼女の中で強い信じ込みになっているようでした。

前項、前々項でも繰り返し触れているように、脳は逆に動きます。だから、この人が「私は一人ぼっち」というセルフイメージに焦点を当てていると、その不安のほうが現実化します。

「あなたは『私は一人ぼっちになりたくない、私は孤独になりたくない』と言い続けたいんですね。じゃあ、お客さんに集まってもらっては困りますね」

と、彼女の潜在意識が動いていたのです。

パソコンの画像編集のように、脳内のイメージを編集する

そこで、彼女の「膝を抱えている自分の記憶」を、このような方法で処置し、書き換えてもらうことにしました。

「あなたが抱いている、真っ暗な部屋で自分が膝を抱えて座っているイメージですが、最も明るい場合を10としたら、そのイメージの明るさはどれぐらいですか」

「2です」

「なるほど。**それをパソコンで画像編集するみたいに、明るさをちょっとずつ上げてみましょう。**まずは、明るさを4まで上げてみてください。どうなりました？　イメージの様子は変わりますか」

「私の周りを囲んでヒソヒソ話をしていた大人たちが、話をやめました」

「何か変わってきましたね。さらに明るさを6ぐらいまで上げてみましょう」

「周りの大人たちが、私に話しかけてきています」

「なるほど。それは面白いですね。イメージの中で座っているあなたを、立たせてく

ださい。そして、明るさを8にしましょう。何か様子は変わりましたか？」

「イメージの中では、自分から大人たちに話しかけています」

「ずいぶん変わりましたね！」

こうして記憶を書き換えてセッションを終えた後、しばらく彼女の様子を見ることにしました。そして2週間後、プログラムの受講生だったその人は、私のところに来てこんな報告をしてくれました。

「先生、大変です！　個人セッションもセミナーもすぐ満席になりました」

「この2週間で何をやったの？」

「『私はこういうセミナーをやるんだけど、みんな来ない？』と、知り合いに声をかけていただけです」

セルフイメージが変われば、言動が変わり、現実も変わる

このケースでは、カウンセラーさんの中に、「暗いところで私は一人ぼっち」という記憶があり、それが彼女のセルフイメージになっていました。そのセルフイメージに

合わせて、ちゃんと一人ぼっちになるように現実が動いてくれていたのです。周囲の人は、彼女の「私は一人ぼっち」という「見えない看板」に反応しますから、近寄らず、彼女を一人ぼっちにしてあげます。

しかし、このカウンセラーさんは、自分のセルフイメージを「私は必要があれば、自分から声をかけます」というものに書き換えました。「私ってこういう人」というセルフイメージがガラリと書き換わったから、それが現実に行動として呼び起こされ、今まで近寄らなかった人も集まるようになったのです。

実際、彼女の場合、今まではホームページや集客用のチラシをつくることは熱心にやっていたのですが、自分から人に声をかけることはしていなかったらしいのです。それを、意識せずに自分から「私、今度こういうイベントをやるんだけど、来ない？」と声をかけるように変わった。だから興味を持つ人が増え始め、実際に足を運ぶお客が現れ始め、ついに満席になったというわけです。

「私ってこういう人」というセルフイメージは、外の世界にまるで映画のように投影されて、その通りの現実をつくります。

ですから、その映像をつくり変えれば、そこに紐付く言葉も変わり、呼び起こされる行動も変わってくるのです。

「孤立しがちな人」から「愛され、必要とされる人」へ

たとえば、「私には価値がない」と感じている人に、自分自身に対してどのようなイメージが浮かびますか、と聞きます。先ほどのカウンセラーさんもそうでしたが、よくあるのが次のようなものです。

「暗い部屋で一人、ショボーンと膝を抱えて泣いています」

「小さい自分の周りを大人たちが囲んで、自分を指差しながらバカにしている」

表面的には明るく振る舞っていても、本人の心の奥底には、そんなイメージや古い記憶があったりするようです。

私のセッションでは、一緒にワークを行いながら、その記憶のイメージを、明るさを変えたり、自分の大きさを巨人化したりすることで書き換えてもらいます。サブモダリティ、つまりイメージにまつわる属性を変えていくのです。

あるときは、このようなイメージをしてもらいました。

「周りにいる大人たちを手のひらに乗せて、あなたの手の温かさと光で癒やしてあげてください。人を癒やしている自分自身を、あなたはどういう人だと思いますか？」

「私は愛です」

これまで自分に対し「一人ぼっちです」「部屋の隅で膝を抱えて泣いている」というセルフイメージを抱いていた人が、こんなことを言い始めるのです！

他にも、「私は光です」「私は癒やしです」と言う人もいますね。こうなると、**「私は誰なのか」という記憶やセルフイメージがガラリと変わっています。**

そうすると、何が起こるか。それまで孤立しがちだったクライアントに対して、周囲の人がこんなふうに捉えるようになります。

「○○さんって、とても愛情深い人ですよね」

「○○さんといると癒やされます」

こんなふうに、**本当に周りの人の反応が変わり始めます。**

本人のセルフイメージが変わっているので、「重い」と言われたり敬遠されたりしている人から、人から感謝される人へと、流れが変わっていくのです。

同じことをやっているのに、前提が違うだけでまったく異なる結果が出てきます。

動機が「問題回避」ではダメ、肝心なのはどんな「問い」を持つか

たとえば、職場にA部長とB部長がいたとします。二人は、Cさんというスタッフに仕事を頼みます。A部長はCさんにこう言いました。

「Cさん、この書類を今週末までに仕上げてくれる？　来週の週明けの会議で使うからよろしくね」

Cさんは、「わかりました、仕上げておきます」と言ったものの、実際に書類を期日までに仕上げてはいませんでした。次に、B部長もC君に言いました。

「Cさん、この書類を今週末までに仕上げてくれる？　来週の週明けの会議で使うからよろしくね」

Cさんは、「わかりました」と答えると、今度はなぜか期日までに書類をきっちり仕上げていました。

何が違うのでしょうか。A部長もB部長も、Cさんに言っていることは同じです。

そこで、それぞれの部長に確かめてみましょう。

「A部長、どうしてCさんに今週末までに仕上げろと言ったんですか？」

「あの書類が間に合わないと俺の出世に響くから。書類が間に合わないと会議で俺が恥をかくから」

A部長は、自分の心配や不安を問題回避するために、Cさんに仕事を依頼していました。言葉にしていなくても、その裏にある心の声は、誰でも何となく察知できるものです。

「A部長って余裕がないな……。こんな人に付いていっても自分の未来はない（だったら、凡《ぼん》ミスしてやれ）」

こうして、無意識に足を引っ張ろうとします。

ミスしたら嫌だ、恥をかきたくない。つまり、A部長は本当は自分のことを「自分はミスする人間だ」「恥をかく人間だ」と思っている。だから、Cさんは書類を期日に間に合わせない。

こうしてA部長は、結果に合うように原因をつくり出しました。つまり、**自分の問**

題や不安を現実化してしまったのです。それに対してB部長はどうでしょうか。

「B部長、どうしてCさんに今週末までに仕上げろと言ったんですか？」

「私は、仕事を通して、こういう世の中をつくりたい。そのための一環として、Cさんをこういうふうに育てたい。だから、私はCさんに今週末までにきっちり仕上げてよと言ったんです」

こういう思いで伝えると、Cさんも俄然、反応します。

「B部長は、自分を育てようとしてくれている。その思いに報《むく》いたい」

A部長とB部長。一見、同じことを言っていても、どういう前提で発言しているかで、Cさんの反応が大きく変わりました。実はこれ、メタ無意識と現実の関係と同じです。**メタ無意識は、その人の「見えない看板」となる**のです。

現実は、あなたの背負った「見えない看板」をよく見ています。そして、「看板」、すなわち結果に合うように人の動きが変わり、原因がつくられるのです。

あなたの背負う「看板」に見合う現実がつくられる

結果のために原因がつくられる――。

そこで、この法則をどう利用するか？　という話です。

A部長のように自分の心配や不安を解消したいという目的がある状態は、「私は不安だらけです」「私は恥をかきたくないんです」という看板を背負っているようなものです。そして、それに合う現実がつくられます。

「価値がない人間は嫌だ！　価値がある人にならなければ！」と行動し始め、結局「この人は重い」「どこかに行ってよ」と言われて、「やっぱり私は価値がないからフラれたんだ」という現象を呼び起こします。

無意識に「問題を回避しよう」という動機から行動すると、部下が言うことを聞いてくれなかったり、恋人から重いと言ってフラれたり、さまざまな問題をつくり出してしまいます。

「自分以外の誰か」のためにもなる問いを持つ

では、どういう心の裏の言葉をセットしておくと効果的なのか。

簡単にいえば「どういう問いを持つか」ということです。

B部長には、こういう心の裏の言葉があります。

「私はこういう世の中をつくりたいんだ、そのための一環として、Cさんをこういうふうに育てたいんだ」

そこから、B部長は「どうすればうまくいくだろうか」という問いを持つことができるのです。

たとえばあなたが、「コロナ禍で世界が疲弊している中、どうすればみんなが安心感を持てるだろうか、どうすれば世界の流れが変わるだろうか」という問いを持ったとします。そうすると、あなたの背負う「看板」が変わってきます。

脳は客観的に動きを見ているので、「この人は世界を救う人だ」「この人は世界を変える人だ」「この人は世界に安心感をもたらす人だ」というふうにあなたを見るようになります。すると、それに合うように、現実が反応し始めます。

「この人といると何か安心感があるな」

「この人は世界をいい方向に変えてくれそうだな」

「そのためにも、何かこの人に有益な情報をもたらさなければ」と、さまざまな現象

が起こり始めます。これが、「現実が動く」ということです。

では、どういう問いを持つのが効果的なのか。

これは、**自分のことであり、かつ第三者のためでもある**という要素が必要です。

冒頭の話を思い出してください。A部長は、自分のことばかり、それも自分の不安や心配を解消したいという目的しか抱いていませんでした。

それに対し、B部長はこう考えていました。

「私はこういう世の中をつくりたいんだ、こういうふうに世の中を面白くしたいんだ、どうすればそういうことができるだろうか」

B部長のこの問いかけのようであれば、「この人は世の中を面白くする人なんだ」と、脳は反応し、実際に現実でも、その人にとって必要な情報も資金も集まり始めます。

このように、「どういう問いを持つか？」はとても大事なことなのです。

「問いかけ」は、規模が大きければ大きいほどよい

「結果のために原因がつくられます。どんな結果をつくりたいかは、自分に問いかけを持つことが必要です」というお話をしてきました。

ここで注意したいのは、問いかけの「規模」です。

普通の人が持っている問いかけは、せいぜいこのようなものではないでしょうか。

「どうすれば経済的不安から逃れられるだろうか」「どうすればもっと人から好かれるのだろうか」……。これは、よくない問いかけの持ち方です。

「心の裏の言葉」が現実化する、というお話をしました。

「私はお金が不安です」という前提があるから、「どうすればお金が手に入るだろう」という問いになり、「私はお金に不安である」という看板を背負っているから、お金が不安な現実をつくってしまいます。

「私は人から好かれない人です」という前提があるから、「どうすればもっと人から好かれるだろう」という問いになり、そういう看板を背負っているから、本当に人から好かれなくなってしまいます。

普通の人は、このように問いが小さすぎるのです。

では、どういう目的を抱いていると、この人は大きい人だなと感じさせる看板になるのでしょうか。

かつてアインシュタインはこう言いました。

「私が知りたいのは、神がどうやってこの世界を創造したかということです。私は、あれやこれやの現象だの、元素のスペクトルだのに興味はありません。私が知りたいのは神の思考であって、その他のことは些末《さまつ》なことなのです」（『アインシュタイン150の言葉』〈ディスカヴァー・トゥエンティワン〉）

私はこの言葉を、こう解釈します。「科学なんてどうでもいい。神の意思を知るために〝科学〟という手法を私は使うんだ」と。

科学を解明することは、アインシュタインの目的ではなく、もっとずっと高いとこ

ろにあった。だから、アインシュタインにはあれだけの情報が集まり、アイデアが湧いて、偉業を成し遂げることができたのだと私は思うのです。

私の場合、数年前からこんな問いかけを始めました。

「宇宙は何のために人間をつくり出したのか」

人間は、人生において脳を5〜10%しか使わないまま一生を終えます。そこで、宇宙は何のために人間をつくり出したのかが解明できれば、残りの90〜95%の脳の使い方を、少しでも開発できるんじゃないか……そう考えたのです。それを自分も体験したいし、世の中にもその方法を残しておきたい。

すると、この問いかけを脳はどう見るか。

「この人はとても大きいことを考えているんだな。だったら、情報を集めてあげなきゃ、人を集めてあげなきゃ、お金を集めてあげなきゃ」

こうして実際に面白いことが起こり始めます。

具体的に何が起こったかというと、私がこの問いかけを始めてすぐ、さまざまな情報や新しいタイプの仕事のオファーがどんどん入ってくるようになりました。

そして、2020年の2月頃から、新型コロナウイルスの問題が騒がれ始めました。緊急事態宣言が出るか出ないかという頃、私は新たにこんな問いかけを始めました。

「どうすればコロナに感染しないで済むだろう」、そんな小さな質問はしません。

「今、世界に必要なことは何か」

そう、私は自分の脳に問いかけ続けました。そうすると脳は、私のことをこう捉え始めます。

「この人は世界を救う人だ、この人は世界に変化をもたらす人だ」

そう見始めるので、私の背負う「見えない看板」も大きくなります。だから、**これまでとは比較にならないほど大きな規模のオファーがたくさん入るようになりました。**

「こういう場合はどうしたらいいでしょう」「こういう症状の背景は何でしょう」と、国内のみならず海外の医療関係者からの問い合わせが続々と入り始めたのです。私の問いかけに、本当に世界が反応し始めたのです。

このように、どういう問いを持つかで、「この人はこういう器の人だ」と脳が認識し、看板がつくられ、周りの人が反応するわけです。

繰り返しますが、**「本当にできるかどうか」は重要ではありません。**

あくまで、あなたの看板をつくるための仕掛けなのですから、問いかけの規模は大きければ大きいほどいい。あなたがどれだけ大きい問いを持つかが重要です。

「根拠なんていらない」と私が断言する理由

「自分は好かれている」というのも「自分は嫌われている」というのも、そもそも証拠なんかありません。

同じように、「私には世界を変える能力がある」というのも「私には世界を変える能力なんかない」というのも、どちらもそもそも証拠はないわけです。だから、「できるかどうか」なんて、どうでもいいことなのです。

「私は世の中にこういう変化をもたらす人です」――そう、自分で決められる人になっていただきたいのです。

そして、どういう問いを持つかで、この人はこういう人なのかが決まってきます。

そして、「私はこういう人だ」という結果に合うように、現実がつくられ始めるのです。

「できる・できない」という言葉を〝封印〟してみる

あなたは普段、「できる・できない」という言葉を何気なく使っていませんか？

仕事も、できそうだからやる、できそうもないからやらない。

恋愛も、この人とならスムーズそうだからする、そうでないならしない。

「できる・できない」という言葉は、結果に焦点が当てられていますよね。つまり、

「うまくいかないなら、あなたはそれをやらないんですか。ということは、これは本気じゃないんですね」

と脳は受け取ってしまうのです。

普段から、習慣的に「できる・できない」という言葉を使って会話をしていると、

「これは本当に自分がやりたいことではないんだ」

ということが、その人が現実を捉える際の前提になります。そうして、

「自分の人生、思い通りにならない」

という前提が知らず知らずのうちに形成されていきます。だから、生きることが「受け身」「他者原因型」になってしまう……。そんなことが起こりやすいのです。

「自分は無力だ」という信じ込みはどこから生まれる?

生きることが「受け身」「他者原因型」になると、人はどうなっていくか?

そこには、**「自分の人生は、見えない何かに振り回されている」という感覚、前提が生まれます。**そうして、「どうせ何をやってもできないのだから、じっとしておいたほうが安全じゃないか」と脳が判断するようになり、本当にそのような現実をつくり出していきます。

いつも見えない何かに振り回されていると、「自分は無力だ」という信じ込みが育ちます。

自分は無力だ。だって、結果は自分次第ではない、見えない何か次第なのだ。「だったら、じっとしていよう」と、脳は結論づけるのです。

これは、認知機能が衰え、体が動かなくなる認知症のプロセスに非常に似ています。

そうならないためには、「できる・できない」ではなく、「やりたい・やりたくない」という言葉を使っていく必要があります。

できるかどうか、結果はどうでもいい。

「自分がやりたいからやる、やりたくないからやらない。以上」

それだけです。


「自尊心を大事にするからダメなんだ」という論文が伝えたいこと

ダイヤモンド社から、『Harvard Business Review』という雑誌が出ています。バックナンバーに、カリフォルニア大学の先生からの寄稿が掲載されていました。そのタイトルが非常にユニークなのです。

それは、**「自尊心を大事にするからダメなんだ」**。

実際に読みましたが、その内容は私も非常にうなずけるものでした。大まかな内容をご紹介します。

世の中には、できるかできないかにこだわる人たちが多い。できるかできないかにこだわると、行動を起こそうとするとき、「できそうだからやる、できそうもないからやらない」という判断になりがちだ。しかし、そんな動き方をする人はリーダーではない。なぜなら、行動に失敗はつきものだからだ。やるだけやって失敗したら、自分を許せばいいだけだ。

そう、その記事は締めくくっていました。

自尊心を大事にすると、ダメな自分を味わいたくないから、「できるか・できないか」にこだわってしまう。できそうもない自分は嫌だから、やらない。そういう悪循環に陥ってしまいます。

これが、「自尊心を大事にするからダメなんだ」というわけです。

そうではなく、**やりたいからやる。うまくいかなかったら、うまくいかない自分を許して次につなげていけばいい。**それだけの話です。

うまくいった要因は何か、うまくいかなかった要因は何か、次はどうすればうまくいくか、それを考えればいい。昔からよく言われている、非常にシンプルなことです。

「私の望みが叶うのは当たり前」という確信度合いは何%？

「できる・できない」という言葉を普段から使っていると、結果に焦点が絞られ続けるので、「私は無力だ」「人生は思い通りにならない」などの信じ込みが芽生えます。

そして、こうしてできた「心の裏の言葉」が不安を現実化し、望まない現実をつくり始めてしまう……。

こうした事態を避けるためには、「望みが叶うのは当たり前でしょう」という確信度合いを高める必要があります。

水道の蛇口をひねれば水が出るのは当たり前であるように、「自分の望みが叶うのは当たり前のことだ」という感覚になればいいのです。

脳科学の実験によると、**確信度合い6割が現実化の境目**だという結果が出ています。「望みは叶う」という感覚が60％未満だと、脳は叶わない方向にフォーカスして、「ほら、やっぱりうまくいかない」という証明に入ります。

それに対して「望みは叶う」という感覚が60％以上だと、脳は「ほら、やっぱりうまくいったでしょう」という証明に入ります。

確信度合いが60％未満か60％超か、それが重要なのです。


確信度合いが低いと、どうせやってもできないんだからじっとしていよう、我慢しようと考えるようになります。


もっとひどいと、「そもそもこんなのはやりたいことじゃない」と言い始めます。心理学用語でいう認知的不協和というもので、自分を無理やり納得させるために言いだすのです。

イソップ童話に『すっぱい葡萄《ぶどう》』という話があります。おいしそうなブドウを見て、キツネは取ろうとするのですが、手に入れることができません。そこへ別の動物が通りかかり、「おいしそうなブドウがあるな」と言います。しかしキツネは、「あのブドウは酸っぱいから食べないほうがいい」と強がる話です。これが認知的不協和です。

欲しいのに手に入らないと、「あれはよくない。嫌いだよ」と言って遠ざけようとするのです。確信度合いが低いと、脳はこれをやり始めてしまいます。それに対して確信度合いが高いと、脳は「手に入りそう」と思い始め、できるほうへ動き始めます。

6割未満だと遠ざける方向に動き、6割超だと手に入れるほうに動き始める。

それなら、確信度合いを自分でコントロールしていけばいいのです。

健康を取り戻す確率を「自分で設定する」

この確信度合いのコントロールは、私は病気の方によく試してもらっています。そこで、私のクライアントの事例を紹介しましょう。

がんの人にこう聞きました。

「半年後までにがんが消えて健康を取り戻す確率は何パーセントだと思いますか」

「30%だね」

「どうして30%なんですか」

「昨日医者から、あなたに対する治療法はないと言われたから。近所の知人もがんで亡くなられたと家族から聞いたし、自信を失ってしまった。だから、自分のがんが消えるのも30％ぐらいだ」

「たとえば、がんが消える確率30％を、さらに下げて10％にしてみたらどうですか」

「今日にも死にそう（笑）」

「では30％に戻してください。今度は少し確率を上げて、50％にしてみてください。見える景色や自分の感覚は変わります？」

「体が軽くなってきた。病院の中を散歩したくなってきた」

「もうちょっと確率を上げてみましょう。治る確率80％にしてみてください。どうですか？」

「**絶対に治る感じがする。**病院のベッドにいるのがバカバカしくなってきた」

「もう1回30％に戻してみましょう。あらためて聞きます。今日の午前中は、何パーセントで過ごしますか。10％でいてもいいし、30％でもいいし、50％でもいいし、80％でもいいですよ。何パーセントで午前中、過ごしましょうか」

「じゃあ、80％でいようかな」

「では午前中、80％で過ごしてください」

そして昼食後にまた聞きます。

「あらためて確率は何%ですか」

「50%だな」

「さっきの80%から下がっちゃいましたね。どうして下がっちゃったんですか?」

「さっき、お医者さんが余計なことを言ったから……」

そこで、自分で確信度合いを上げて80%に戻していきます。

このような確信度合いを、1日3回、朝・昼・晩とチェックしてもらいます。薬を飲むときに合わせて、必ず食後にやってもらうようにすれば忘れません。

「自分の意志」と「他人の言葉」、どちらを真実と見なすのか

こうして**確信度合いのコントロールを繰り返す**ことで何が起こるか。
「自分は見えない何かに振り回されている」と思っていると、このようなコントロールはできませんよね。しかし、10%であろうと80%であろうと、確信度合いを自分で上げ下げしていいのだとわかると、「何%でいてもいいんですね。自分の自由なんです

ね」と、脳が学習し始めるのです。

最後に自分で「80％でいる」と決めていますから、「自分で決めていいんだ」と、脳が自分の体と心のコントロール権を取り戻し始めます。

つまりこのワークの狙いは何かというと、「私は健康です。末期がんだというほうが嘘《うそ》ですから」と、本人に自分で決めてもらうことなのです。

少々過激かもしれませんが、私は常々クライアントにこう言います。「医師といっても、しょせんは他人です」と。

つまり、「絶対に健康になるんだ」という自分の意志と、「治りません」という他人（医師）の言葉――**どちらを真実だと見なして、自分の軸足を置くか**という話をしているのです。

これまで私は何度もお伝えしてきました。**結果に合うように現実がつくられていく。**

そうやって「望みが叶うのは当たり前でしょう」という感覚の時間が長ければ長いほど、脳はそれを現実化しようとします。

「現実化するのは当たり前。どんどんその体をつくらなきゃ」と動き始めるのです。

妬み、あきらめは「正義の仮面」をかぶってやってくる

自分の価値は、自分が決める。

私はこのために命を使う。

そのために過去の体験があった。

潜在意識がこういう舞台を用意してくれたから。

ただ自分で決めて淡々とやっていく。

こうして自分基準で生きていくと、必ず〝抵抗勢力〟が出てきます。

「そんなのはできっこない」

「そんなのは常識外れだ」

「そんなことしたら、危険じゃないの？」

「みんな無理だと言ってるよ」

「法律違反ということになっている」

「科学的根拠はあるの?」……etc.

そんなふうにあなたにブレーキをかけようとする他人とか、周囲の状況が立ち現れてきて、何が何でもあなたの変化を止めようとするのです。

彼らの正体は、本当は自分も変わりたいけれど、「変われない」とあきらめている人たち。そういう人たちが、あなたの足を引っ張りにきます。これを「ドリームキラー」とか「悲観論者」といいます。

彼らの言い分は一見いかにも最もなので、抵抗勢力に直面すると、くじけそうになるかもしれません。これを、「妬み、あきらめは『正義の仮面』をかぶってやってくる」と私は表現しています。

しかし、決して、そこで歩みを止めてはいけません。抵抗勢力は、いわば「テスト」のようなもの。**あなたの「変わろう」という本気度を試している**のですから。

試されることで、あなたの覚悟が固まっていく

何のために、こうした抵抗勢力が出てくるのか?

理由は、やはり自分の中にあります。脳は、基本的に無駄な動きをしたくないのです。だから、**あなたが本気かどうかを試す**のです。そのために、あらゆるところから抵抗勢力を引っ張ってきて、その人の覚悟をいろんな角度から試してきます。

試されるたびに、あなたは悩み、考え、このような言葉を引っ張りだします。

「私はこういう目的でやるんです。あなたたちの物差しで測らないでください」

「あなたたちのいう『できる・できない』『法律違反だ』『普通ならこうしない、こうする』……。そういう基準は、どうでもいいです」

そうやって、自分の目的をはっきりさせて、言い切る。

こうしていくうちに、脳に覚悟が伝わります。「この人、本気なんだな」とわかると、脳は急に手のひらを返し、あなたの味方をするようになります。

「この人の望みをかなえるために、この人をサポートする人を集めなきゃ、お金を集めなきゃ、情報を集めなきゃ」と、その本気に合う現実を集め始めます。

これまで繰り返し、自分基準で動く人ほどタフで成長していくと述べましたが、実際にそうした現実が起こってきます。

脳は、基本的に「その人の望みを叶えたい」

自分の信じ込みに気づき、「自分軸」で生きると決めれば、その瞬間から変化が生まれます。

脳は、基本的に、「その人の望みを叶えたい」と思っています。だって、人間にとって「本当の自分」として生きることが最大の喜びなのですから。脳だって、その人が、与えられた役割を全うして生きてほしいのです。

一方では、無駄な動きをしたくないというのも脳の本音です。だから、その人が本気かどうか確かめようと、観客席から様子を見ています。

たとえて言えば、こんな調子です。

「今度の期末テストでいい成績を取ったら、テーマパークに連れていってやるぞ」と親に言われ、子供が頑張って100点取ったとします。

ところが親は、「ごめん、仕事が忙しくなっちゃって。テーマパークはまた今度にしよう」と言いました。子供はガッカリしましたが、しぶしぶあきらめます。

そして、また、「中間テストでいい点数を取ったら、おまえが欲しかったゲームを買ってやるぞ」と親に言われ、子供はまた頑張って100点取りました。けれども親はまた、「ごめん、今、余裕がないんだ。ゲームはまたにしてな」と言いました。

すると当然、子供は「いくら頑張っても、望みを叶えてくれないじゃん！」となりますね。また次の機会に「期末テストでいい成績を取ったら、欲しいものを買ってあげるよ」と親が言っても、子供は「どうせまた嘘でしょう」と、本気にしなくなります。

「お父さん（お母さん）の言うことは口先だけでしょう、もうあなたの言うことは信じない」というわけです。

もちろんこれはたとえ話ですが、潜在意識とあなたとの関係も、まさにこれなのです。**潜在意識との小さな約束は、こまめに守ってください。**

一度「やる」と決めたことをしない。もしくは、適度に心身を休める必要があるにもかかわらず、「今は休んでいる場合じゃない」と無理に自分を駆り立てる。

そんなことを繰り返していくと、意識の指示系統が無茶苦茶になります。この話の子供のように、潜在意識が表の自分を無視するようになるのです。

しかし、表のあなたが、

「テストで100点取ったな。じゃあ、行きたがっていたテーマパークに行こう」

こんなふうに約束をその都度きちんと守れば、潜在意識との信頼関係はしっかりとしたものに育っていき、ちょっとしたことでは揺らぎません。

潜在意識を味方につけたければ、

「望みは手に入るんだ。この人をちゃんとサポートしなきゃ」

と、学習させること。そうすると、潜在意識は表の自分を強力にサポートし始めるのです。

脳はあなたの「本気度合い」を見ている

たとえば、ここにイタリアンレストランをオープンしたいという夢を持っているAさんとBさんがいたとします。Aさんはこんなことを言います。

「貯金が500万円貯まったら、夢であるイタリアンレストランをオープンします」

それに対してBさんは、こんなことを言います。

「夢であるイタリアンレストランをオープンするために今、500万円貯めることをしています」

この2人の脳は、全然違う動きをします。

500万円貯まったらイタリアンレストランをオープンしようと思っているAさんの場合、「条件がそろわないと、やらないんですね」ということですから、脳はAさんの望みを本気にしません。「だったら、あなたが本気になるまで寝ていますから、本気になったら起こしてください」という動きを、潜在意識はします。

それに対してBさんの場合、オープンすることありきでお金を貯めているので、脳はこう考えるわけです。

「やるということは決まっているんですね、本気ならサポートしなければ」

こうして、**お金を集め、開店する情報や人脈を探す方向に、潜在意識は動き出す**わけです。

これは、メタ無意識でいう「結果期待型」と「結果行動型」というものです。

前者（Aさん）は、得ようとしていること、やろうとしていることに対して、条件がそろったらやるというパターンです。

後者（Bさん）は、得ようとしていること、やろうとしていることに対して、その条件をそろえるために動くというパターンです。

潜在意識を「銀行の融資担当者」と捉えてみよう

経験がある人もいるかもしれませんが、新規事業を立ち上げたいとき、一般的に、経営者は銀行から融資を受けることが多いと思います。そのとき、銀行の融資担当者はこんなことを聞いてくるでしょう。

「社長、もしこの融資が下りなかったとしても、新規事業をやりますか？」

A社長はこう答えました。

「お金を借りられないのなら、資金が足りないので新規事業はやりません」

すると融資担当者は「社長、あなたには貸しません」と言うのです。

つまり、「お金が借りられなかったら、やらないんですね。つまり、あなたは本気じゃないんですね」と受け取るわけです。

それに対して、B社長はこう答えました。

「そりゃあ借りられなかったら残念だけど、**それなら別の方法で資金をつくるまでです。**親戚に頭を下げたり自分の家財道具を売ったりしてでも、お金をつくってやりますよ」

すると融資担当者は「社長、このお金を使ってください」と、許可を出すのです。

このような話はよくあることです。

「融資担当者」が、質問を通して相手が本気かどうかを試しにきているのですね。

潜在意識も、この「融資担当者」と同じ動きをします。本気ではないことにエネルギーを使いたくないので、本気ではないなら昼寝をしているのです。

潜在意識にあなたの本気を伝えると、今まであなたの考えや行動を制限していたリミッターが外れ、本来の自分の力を発揮できるようになります。

次章では、そのお話を紹介します。

CHAPTER 6

あなたを縛る「あらゆるリミッター」を外す法

毎日をぐんと
自由で
快適にするヒント

〝スイスイと願いを叶える人〟に面白いほど共通すること

一般的に人は「愛や幸福、富が集まるといいな」と思っています。しかし、ただ「集まるといいな」と思っているだけの人の元には、残念ながら集まりません。

愛・幸福・富はなぜ〝私〟を選ぶ必要があるのか? そこには強い理由が必要です。

それは、看板を背負っているようなものです。自分が背負う看板に世の中が反応して、現実をつくっていくからです。

たとえば、ここにA社長とB社長という2人の経営者がいたとします。どちらも、表向きはいかにも経営者らしい、格好いいことを言っています。社会に貢献したいとか、自分は社員全員の暮らしを豊かにしたいとか……。

しかし、A社長は、自社のスタッフに対して、内心こう思っていました。

「俺の私利私欲のために働け」「俺の生活の不安解消のために動いてほしい」

いくら表向きは格好をつけていても、こんなふうに心の裏で思っていたとしたら、それがA社長の「見えない看板」となります。

一方、B社長は、従業員に対してのスタンスがこうでした。

「自分は、こういう面白い世の中をつくりたいんだよね。だから、みんな協力して働いてくれないか」

こんなふうに心の裏で思っていたとしたら、それがB社長の「看板」となります。

さて、あなたなら、A社長とB社長、どちらの下で働きたいでしょうか。

人は無意識に、人が背負う「看板」に反応します。

A社長に対しては、「この人は結局、自分のことしか考えていない。こんな人のために働いてどうするんだよ」と思うでしょう。

一方、B社長に対しては、こんなふうに思うはずです。

「この人は世の中をこういうふうに面白く進化・成長させてくれる人だ。どうせだったら、この人の下で働きたいな」

実はこれ、人間に限らず、**お金も情報も現実も同じ**なのです。私利私欲にまみれているような人には、「どうしてこんな人のために命を使わなければいけないんだ！」と反応します。当然、そのような人の元には豊かさはなかなか集まりません。

「植物の育成が仕事」の3人の話

では、どういう状態だと、一番集まりやすいのでしょうか。たとえば、植物の育成が仕事のA君、B君、C君がいるとします。それぞれにこう尋ねます。

「どうして植物を育てる仕事をしているんですか？」

A君は答えました。

「自分の生活のためです」

これでは、完全に自分のためだけです。B君はこう答えました。

「私は木や花が好きで、そういうものに携われる仕事がしたかったんです」

少し内容は変わりましたが、これも突き詰めると、結局は自分のためです。C君の答えはこうでした。

「私は木や花が好きなので、もともとこういう仕事がしたかったんです。そして自分が育てた木や花が公園や街中に植えられ、それが育ち、それを目にした人たちを癒やし、元気づけたいのです。そのために、私は木や花を育てる仕事をしているんです」

さて、お金や人や情報は、A君、B君、C君のうち、誰に集まりたいと願うでしょうか。当然、C君です。**C君の「人々を癒やし、元気づけたい」という背景に最も強く反応します。**

〝はっきりとした目的〟さえ見つかれば、話は簡単

愛や幸福、富が、なぜあなたを選ぶ必要があるのか？

繰り返しますが、そこには強い理由が必要です。できるかどうかは関係ありません。

「私はこれをやるために、情報や愛、幸福、お金、体験、物質的なことがすべて必要なのです」

これを自分で決めてください。この世の中は、**最終的に意志が強いもの、意図が強いものが勝つというメカニズムがあります。**

「私はこれをやる、以上」。そして、そこから全然動かない。

あなたがそこから動かなければ、「こいつは頑固だな、仕方ない、現実を合わせてやるか」と、現実が自分に合わせてきます。

環境に左右されるのか、それとも自分が環境を動かすのか、そこには大きな違いがあります。そのために、できるかどうかではなく、「私はこのためにやるんだ」という目的をはっきりさせにいくことが必要です。

これが、世の中に「新しい価値をもたらす」ということ

お菓子メーカーのロッテは、チューインガムが有名です。新製品をつくるとき、昔の基準では、チューインガムは「味がいいかどうか」というものしかありませんでした。そこで、ロッテの担当者が新しい基準を持ち出したのです。

「これからの時代のガムは、歯にいいかどうかだ」

提案した当初は相当強い反対にあったといいます。

「ガムが歯にこだわってどうするんだ。どちらかといえばガムは甘いのだから、歯にいいものにする必然性を感じない」

しかし、開発担当者は新しい基準で製品化していきました。

そして、何が起きたか。**キシリトールガム市場が巨大なマーケットになった**のです。

今では、ガムは歯にいいか悪いか、そして息がきれいになるかどうかという、新しい

基準が定着してしまいました。

これまでになかった新たな基準を持ち出すことによって、まったく新しい文化やビジネスが生まれたのです。

「自分はこうしたい！」がある人は、強い

飲料メーカーのキリンビバレッジには、キリンメッツという炭酸飲料のブランドがあります。あるとき、キリンメッツからコーラを出したらどうか、しかも、身体にいいコーラは潜在的なニーズがあるのではないかと考えた社員がいました。そこで、特定保健用食品（特保）のコーラを企画したのです。

特保は健康増進法により、審査を受けて消費者庁長官に許可をもらわなくてはなりません。非常に手間がかかるので、社内から猛反対にあったのです。

「コーラが健康にこだわってどうするんだ。甘いのだから、むしろ健康志向とは真逆のものだろう」

しかし、担当者は思いました。

「それでもやってみたいんだ。コーラが健康にこだわって何が悪いんだ」

そして、キリンメッツコーラが発売されると、大ヒットしたのです。

それまでのコーラの基準は、せいぜい「美味しいかどうか」、「刺激的かどうか」というくらいのものしかありませんでした。

それが、メッツコーラの登場によって、コーラなのに**「体にいいかどうか」という新しい基準が生まれた**のです。その後、特保や機能性食品を意識したコーラの存在は当たり前になっていきました。

「だって、それができたら面白くない？」という原動力

私の事例を紹介しましょう。今まで「病気は西洋医学で治すしかない」というのが常識でした。しかし私は、「いやいやいや、病気というのは脳の動かし方を変えることでやめるものでしょう」という新しい基準を持ち出したのです。

もちろん、研究を始めた当時は総スカンを食らいました。「医者が治せない病気を、そんなことでやめさせられるわけがない」と、さんざん言われたものです。

しかし、前述したように、「できるかどうか」に私は興味がありません。CHAPTER 5でも触れましたが、私が採用しているメタ無意識は、このようなものです。

「自分がやりたいか、やりたくないか」

ですから、「言葉で病気をやめさせる」研究についても、こんな思いだけで試みを続けました。

「自分がやりたいから、やる」

「だって、それができたら面白くない？」

この思いで試みを続けたところ、これまでに私のクライアントが数百人、本当に病気をやめていきました。この現象については、拙著『本当の自分に出会えば、病気は消えていく』（三笠書房）にくわしく述べてあります。

私の専門であるメタ無意識で簡単に説明すると、メタ無意識でいうフィジカル型で物事を見ていると、「すべては物質である」という前提になります。

たとえば「ストレスが溜まる」といえば、ストレスという形がないものが、あたかも形があるかのように認識するようになります。だから、「病気は物質的な現象であり、薬や手術でしか治せない」という考え方になるのです。

それに対してランゲージ型は、「すべては言語情報でしかない」という前提で見ていきます。「病気とは何の情報なのか」と見ていくので、「情報をマネジメントすれば、健康状態もマネジメントできるんじゃないか」という前提になります。

ランゲージ型というメタ無意識で捉えていくと、**「病気」という現象を、これまでとはまったく違う視点から見られるようになる**のです。

それであれば、脳の動かし方を変えればいい。

世界観、つまり物の見方や視点を変えると、脳の動く場所が変わり、体に出る信号が変わり、呼び起こされる言動も無意識に変わっていくので、最終的に現実が変わってくるのです。

「行動が変われば環境が変わる、環境が変われば運命が変わる」という言葉が昔からありますが、本当にそれが起こるのです。非常にシンプルな話です。

ランゲージ型で見ていけば、言葉の技術や心理技術を駆使することで、「脳の動かし方」を変化させてやれば、クライアントが抱える身体面・メンタル面の不調は改善されていくはず。そういう価値観を、私は持ち出したわけですね。これが現在、さまざまな病院で採用され始めています。

新しい価値を世の中にもたらす実例を3つ、ご紹介しました。
これらは、まったく特別なことではなく、本書をお読みのあなたにもできること。
そして、**人生があなたに求めていること**なのです。

自分の中の「こうあるべき」を外すと、現実化が加速する

10年ほど前、私が企業向けの研修から、徐々に一般の方向けのセミナーも始めた時期のことです。SNSがはやり始めた頃だったので、私もFacebookのイベントページを使って集客していました。とはいえ、最初は苦労しました。一般向けのセミナーをやっても、いつも自分の友達や知り合いくらいしか参加してくれず、せいぜい8人がやっと、という感じだったのです。

もっと人を集めて、にぎやかにセミナーをやりたい！　そう思って、自分としては相当に力を入れて、これまで以上に面白いプログラムを考えました。そうしてFacebookのイベントページを立ち上げて募集してみたところ、やっぱり8人しか来ません。

「俺はこんなすごいプログラムを考えたのに、なぜみんな来ないんだ！」と、私はだ

んだんイライラし始めました。そこでふと思ったのです。

「ちょっと待て、どうして俺はイライラしてるんだろうか？」

「〇〇べきだ」という基準を手放すと何が起こったか

人間というのは、「こうあるべき」「こうあってはならない」という基準があります。その自分の基準に反したことが起こると、ネガティブな感情が発生します。

たとえば、電車に乗るときは並んで待つ人は多いと思います。しかし、そこに誰かが割り込んでくると、ムッとするでしょう。そこには、「電車は並んで待つべきであって、列に割り込むべきではない」という基準があります。それに反したことをする人がいたから、ネガティブな感情が発生したのです。

しかし、**その基準がなければ、そもそもネガティブな感情は発生しません。**

「人は並んで待つべきで、割り込むべきではない」という基準が最初からなければ、割り込まれても何とも思わないはずです。

そこで、私は気づきました。

「自分が頑張ってとても面白いプログラムを考えたのだから、人は集まるべきだろう」と私は思っていたのです。自分の中の「集まるべき」という基準に反していることが起こっているから、私はイライラしていたのです。そこで思いました。

「人はもっと集まるべき」という基準は本当に自分にとって必要なのだろうか。

そこで、こんなことを考えました。

試しに、この基準を消してみたらどうなるだろうか。

正直にいって、最初は怖かった。不安でした。「人は集まるべきだ」という自分の中の基準を消してしまったら、せっかく、すでに申し込んでくれた8人が全員キャンセルになってしまうのではないか？　そう不安になったからです。

しかし、この際、8人全員がキャンセルになってもいい。そう私は思いました。

それよりも私は、「自分の中にあったこんな基準を消したら、現実はいったいどうなる？」ということ、その結果に興味が抑えられなくなっていたのです。

そこで、試しにこんなことをつぶやきました。

「『私のセミナーには、もっと人が集まるべきだ』という基準を私は使っていました。そういう基準を使っていた自分に責任を取ります。そういう基準を使っていた自分を許します。おしまい」

ちなみに、これは、私自身がよくやるワークです。「おしまい」という言葉を実際に発することで、「この古い信じ込みは過去のこと。私はもう使わない」と潜在意識に宣言し、過去のこととするのです。間違ったセルフイメージや信じ込みに縛られていた自分と、今の自分とを切り離すときに便利な方法です。

さて、こうして自分の中の古い基準を消した後、私は新しい基準をセットし直しました。

「これからは私のセミナーには参加したい人だけが、わんさか参加します」

つまり、**自分のメタ無意識を、「人が集まるべきだ」という「義務」ではなく、みんなのほうから勝手にわいわい集まってくるという「欲求」に変えた**のです。

翌朝、寝起きのボーッとした頭で、私は自分のFacebookのイベントページをチェックしてみました。1人くらい参加者が増えているかなと期待したのです。

すると、前夜は「8人」だったイベントの参加者が、なんと「23人」になっていました。

おかしい、寝ぼけて他人のイベントページを見ているのか？　戸惑って何度も確認しましたが、何回見直してもそれは私のページなのです。結局、その後さらに参加者の数は増えていき、約10年前の当時の私の一般向けセミナーの最高人数である、総勢25人の参加者を集めて、セミナーを開催することができました。

その思い込みが、現実化を止めている

このときの経験で、私は気づきました。**私の「こうあるべき」「こうあってはならない」という基準が結局、現実を、すなわちこの場合、集客を止めていた**のかと。

つまり、こういうことです。客が集まるべきだという基準の裏には、「集まらないのではないか」という不安・前提があります。

CHAPTER 5でも触れましたが、これが「心の裏の言葉」というものです。そういう不安があるから「集まるべきだ」という思いが出てきて、「心の裏の言葉」が現実化してしまうのです。

結局、集客を止めていたのは自分だったのかと気づくと、「俺は何をやっているんだろう」とおかしくなって大笑いしてしまいました。

それから、**集客がうまくいかなくなると、私は自分のメタ無意識をチェックするようになりました。**

チェックしてみて、「こうなるべきだ」という前提があることに気づいたら、258ページの方法でいったんリセットし、新しい基準を自分の潜在意識にしみ込ませていく。これを繰り返すことで、じわじわと自分のセミナーの参加者を増やしていきました。

ご存じの方もいるかもしれませんが、私のセミナーやセッションは、決して安価ではありません。しかし、今ではありがたいことに募集をすれば、すぐに大勢の方が集まってくださいます。この今の状態は、私が自分でつくり上げていったものなのです。

大切なのは「目的の設定を誤らない」こと

「こうあるべき」、「こうあってはならない」という基準が自分の中にあると、それらはさまざまな悪さをしてきます。

ですから、**なんだかうまくいかないなと感じたときは、自分の中にある基準を洗い出してみてください。**

そして、「何のためにそれが必要なのか」と自分に問いかけていくことです。

大切なのは、目的の設定を誤らないことです。

「ダメな自分を何とかしたい」「自分をバカにした連中を見返してやりたい」「常識に外れる行動をしてはダメだ」「人に嫌われたくない」……。

そんなことはどうでもいいのです。

私はこういう欲求で、こういう目的でやる。

私はこれがやりたいからやる。

そう自分で決めて、自分で達成していくだけです。そこから、ポジティブなスパイラルが始まります。

「自分の器」を広げることで、どんどん豊かさが流れ込む

前項の「こうあるべきだ」という基準は、役に立たない脳内プログラムの最たるものです。これをあぶりだすには、「好き」「嫌い」というシンプルな感情から探っていくことが近道です。そのワークをご紹介します。

まず、現在自分が携わっている仕事の内容を振り返って、「好き」「嫌い」という基準で分けていきます。

たとえば、事務という仕事一つでも、メールのやり取り、取引先との打ち合わせ、スケジュールや段取りの調整、など、様々な仕事がその中に含まれますね。それらを「これは好きだけど、これは嫌いだな」と、分けてみるのです。

次に、現在自分の周りにいる人を、「好き」「嫌い」という基準で分けてみましょう。

それ以外にも、今抱えている課題や悩み、やっていることなどを何でもいいので、「好

き」「嫌い」で分けていきます。

ある程度、「好き・嫌い」に振り分けたら、その上で自分にこう問いかけます。

「この好き嫌いの前提にあるものや共通点は何だろうか？」

ここまで本書を読んでくれたあなたなら、「何らかの信じ込みが投影されてその現実がつくられている」という前提で物事を見ていく感覚がつかめているはず。

ですから、「好き・嫌い」を振り分けながら、「自分の中にある、この好き嫌いの共通点は何だろうか」と探っていくことはもう容易になっているでしょう。

このワークをやっていると、自分の潜在意識の中から、ドロドロしたものが出てくるでしょう。今まで封じ込めていた、ネガティブな感情や記憶がよみがえってくるはずです。

「好き嫌い」から役に立たない脳内プログラムを探る

私自身も、たびたびこのワークを自分に対して行い、潜在意識のチェックをしています。もう10年ほど前になりますが、このワークをやっていたときのことです。

そのときは、自分の周りに集まってきたあらゆるもの、こと、人を「好き」「嫌い」で仕分けていました。そのときふと、こんなことに気づいたのです。

「なぜ、自分はこれらが嫌いなんだろうと以前から疑問だったが、ひょっとすると、俺は『人からバカにされること』に恐怖感があるんじゃないか?」

「バカにされることを徹底して恐れるコンプレックスがある? ……ということは、もしかして私は、自分で自分のことをバカだと思っているんじゃないか?」

つまり、

「自分の〝バカ〟がバレないと思われる人や仕事は好きだけど、自分の能力のなさがあらわになってしまうタイプの人や仕事は嫌い」

「だから、そうした人や仕事は遠ざけよう」

……そんなふうに考えている自分に気づいたのです。

これは私にとって、とても衝撃的なことでした。そこで、**「私はバカだ」という信じ込みがなぜつくられたのか、調べよう**と考えました。「私はバカだ」という信じ込みにどのような記憶が紐付いているかを自分に問いかけ、自分の中を探っていったのです。

すると、ふと記憶の中から出てきたのが、4歳のときの「うどん事件」です。

これはどういうことかご説明します。

私には妹がいます。幼い頃は、同じ幼稚園に一緒に通っていました。土曜日の昼、バスで帰宅した私たちに、母は「お昼ご飯は何を食べたい？」と尋ねました。私は何でもよかったのですが、妹はすぐに「うどんが食べたい！」と言いました。

私はお兄ちゃんなので、母からお使いを頼まれました。100円玉硬貨を2枚握り締め、張り切って近所の商店街にうどんを買いに行ったのです。

そして、子供ながらにこう考えました。

「うどん玉を買って余ったお釣《つ》りで、うどんにトッピングする具材を買っていけば、母と妹を喜ばせられるんじゃないか」

こうして具材を買おうと商店街をうろうろしていたのですが、まだ4歳ですから、何を買えばいいのかわかりません。選ぶことができず迷っているうちに、いつの間にか長い時間がたってしまったようです。

「お母さんが呼んでるよ！」と、妹が呼びに来たのです。結局、私はうどん玉だけを買って帰りました。なかなか帰ってこない私を心配しながら待っていた母は、私の事情や考えなど知る由《よし》もありません。

「こんな遅くまで、何やってたの！」

家に着くなり、私は母に玄関でビンタされました。しかも、

「こんなに心配させて！　あなたはお昼ごはん抜きよ！」

具材を買っていけば、2人に喜ばれると思ったのに……。母と妹がうどんを食べている横で、私は正座させられました。

そこで、私は幼心にしみじみとこう思ったのです。

「俺って何てバカなんだろう」

そして、もう一つの思いがこのとき芽生えました。それは、「女性を喜ばせようとすると、裏切られる」という信じ込みです。母も妹も女性ですから、私の中で、このときの経験は「女性は怖い」という結論を導き出してしまったのです。

そうして、「うどん事件」のことなどすっかり忘れてしまってからも、私の中にこの2つの信じ込みは、しっかりと残ってしまいました。

ちなみに、**信じ込みというものは、時間とともに膨れ上がっていきます。**

「女性は怖い」がやがて「女性は敵だ」、いつしか「女性は戦う相手だ」と、どんどん大きくなってしまいました。長じて異性関係も、戦う相手として気の強い女性としか

付き合わないようになってしまいました。

「4歳のあのとき、俺は『自分はバカだ』と決めてしまったんだ。それが、大人になってからも自分の行動に影響を及ぼしていた」

私は愕然《がくぜん》としました。まさに、「生き埋めにされた感情は、絶対に死なない」のです。

「自分という器」を一度空っぽにし、新しい価値を流し込む

役に立たないどころか、もはや自分の足かせとなっていた自分の基準（脳内プログラム）。この存在に気づいた私は、こうつぶやきました。

「私はこれまで、自分はバカだという信じ込みを使っていました。私はバカだという信じ込みを使っていた自分を認めます。そして、私はバカだという信じ込みを使っていた自分を許します。おしまい」

こうして、**役に立たない脳内プログラムを、自分の手で〝終了〟させた**のです。

これは、**「自分という器を空っぽにする」**ためです。

一連のワークにより、「私はバカだ」という信じ込みが一度、空になったわけです。

130ページでも述べたように、自然は真空を嫌いますから、空になった器には、すぐ「新しいもの」を入れてあげないといけません。そこで、私はこう言いました。

「私はこれからバカでいます」

「……？　それでは今までと同じではないか」と思うかもしれませんが、私はバカの定義を変えようと思ったのです。

「バカは悪いものではなく、バカだからうまくいく」という前提にしてみたのです。こうすると何が起こるのか、自分で試してみたかったからです。

このとき利用させてもらったモデルがあります。スティーブ・ジョブズ氏と坂本龍馬です。

昔、アップルコンピュータのCMで、スティーブ・ジョブズ氏はこんなことを言っていました。「自分が世界を変えられると本気で信じる人たちこそが、本当に世界を変えているのだから」。

坂本龍馬も、まだ鎖国中の日本で「アメリカに行きたい」「いろんな藩を巻き込んで貿易をする」などと言ったものですから、当時は相当な変人扱いをされたようです。

でも、そういう破天荒な人こそが、世の中を変えていったのは事実です。**私も、こ**

の2人の偉人並みの〝とんでもない大バカ〟になってやる。そう、私は決めたのです。

私が相手を受け入れたら、相手はどうなったか

そうしたら何が起こったでしょうか。まず2週間後、私が役員を務めている会社に行ったとき、女性スタッフが私に企画書を持ってきてこう言いました。

「梯谷さん、この企画書を見てどう思われますか？」

「面白いじゃない。やろうよ」

「……えっ？」

私の反応が予想外だったのでしょう、急に目の前の女性があわて始めました。

「どうしたの？　この企画、いいじゃん。やろうよ」

「えっ、いや、そうじゃなくて……。いつも梯谷さん、私の企画には絶対に文句を言うじゃないですか。今日はどうしちゃったんです？」

「えっ、俺、文句なんか言ってた？　ごめん、気づかなかった」

そこでさらに思い出したのです。

信じ込みに囚われていた頃、私にとって女性は「戦う相手」でしたから、自然に私の周りにも、気の強い女性が集まっていました。そうして、そうした信じ込みを私は現実化させるわけですから、彼女たちは、わざわざ「戦う目的」で私に企画を上げてくるわけです。

しかし、**そのときの私は過去の信じ込みを捨て、女性のことを受け入れるようになっていたので、これまでとはまったく違う反応を見せました。**だから、相手の女性はこんなに驚いていたわけです。

こうして私が、「この企画はとてもいいと思う。進めようよ」と女性の企画を受け入れ始めると、他の女性スタッフたちも積極的に企画を上げ始めました。その中には、これまでは出てこなかったような面白いアイデアがたくさんありました。こうして、会社として面白い企画をどんどん実行するようになったので、この会社の売上がガンガン伸び始めたのです。

そうして、私は再び気づきました。

「あれ？　結局、この会社の売上を伸ばす邪魔をしていたの、俺だったの？」

自分はバカだ、女性は敵だという信じ込みが、この会社の売上が伸びるのを止めていたのか、自分のビジネスの邪魔になっていたのか、と気づいたわけです。

この話には後日談があります。信じ込みを消した2週間後くらいに、まったく知らない人から「あなたの心理技術は素晴らしい。このノウハウを独占販売したい」というオファーがあったのです。

「どうして私のことをお知りになったんですか？」

「Ｆａｃｅｂｏｏｋを見ていて、梯谷さんのページに目が留まりました。特に、○日に開催されていたセミナーのこのノウハウに興味があったので、ご連絡しました。ぜひとも、弊社に独占販売をさせてほしいんです」

「ちなみに独占販売料はおいくらですか？」

「年間使用料として、３０００万円お支払いします」

このような申し出は初めてだったので、正直とてもうれしかったのです。しかし、そのときは初めてのことに躊躇《ちゅうちょ》や警戒心もあったので、「それでは安過ぎますよ」と言って断りました。**しかし、最初の人を断っても、同じようなオファーが次から次へ、たくさん入ってくるようになった**のです。

「過去の自分」を認め、OKを出す

そこで、私は3度目の気づきを得ました。お金も情報もチャンスも愛情も……。自分の欲しいもの、必要なものは、実は雨のように降り注いでいるのです。しかし、自分という器の分しか受け取れません。

そこで、**どんどん自分という器を大きくしていくと、大きくした分だけ、より多くのオファーが受け取れる**ようになります。

私の場合は、「自分はバカだ。そしてそれは悪いことだ」と解釈していたことが、自分自身の大きな制限になっていました。

でも、「それは当時の自分には必要なことだった」と認め、受け入れました。そして、「あれは悪いことではなかった。悪いとすれば、かつての自分の信じ込みにこだわっている自分自身だった」と、自分自身に原因を求めました。

そこで、今までの自分という小さな器が壊れて、新しい器に生まれ変わり、その分、余計に情報やチャンスが受け取れるようになってきたのです。

だから、**現実に、どんどん流れが変わっていった**のです。

そのきっかけになったのが、冒頭の「好き嫌い」からその背景にある脳内プログラムを探り出す方法です。このワークをやった人は、誰でも、「やばい！　自分の中にこんな信じ込みがあったなんて」と驚きます。

多かれ少なかれ、人はネガティブな記憶や感情を生き埋めにしているものですから、必ずドロドロした、顕在意識の自分が驚くようなものが出てくるものなのです。

それは悪いことでも恥ずかしいことでもありません。

ただ、それに気づき、受け入れるだけ。それだけでも、ガラリと現実の流れが変わるのです。

あなたの中にも、もはや足かせになっている古い脳内プログラムがあるはずです。

さあ、役に立たない信じ込みを捨てて、本当の自分に立ち返りましょう。自分の「生きる目的」を思い出しましょう。

本書では、そのための考え方と具体的な方法をたくさん紹介してきました。自分らしくのびのびと行きたいあなたに、活用していただければ幸いです。

エピローグ

——自分の生き方に「奇跡」を起こす本

本書をお読みくださり、ありがとうございます。

最後に、みなさんに一つ、質問をさせていただきます。

「もしあなたが全てのお金や資産などを失い、無一文になった場合、これから、何をして生きていきますか？」


本書の中でも書きましたが、自分自身をつくり上げていくために、どのような「問い」を持つかは、とても重要なことです。そして、本書の執筆時である2020年は、世界中がコロナ禍に振り回された一年でした。

私は「今、世界に必要なものは何か？」と自分の無意識に問いかけながら眠るようにしているのですが、ある朝、目覚めたときに、こんなアイデアが浮かんできました。

「新しい時代に合った、新しいライフスタイルの提案が必要だ」と。

これは、具体的にどういう意味なのだろう？　それを探るために、私はその夜、再び無意識にこんな問いかけをしてから眠りました。

「これからは新しいライフスタイルが必要として、それは具体的に、どのようなライフスタイルなのか？」

その夜、私はとても怖い夢を見たのです。夢の中で私は、海外移住するために全財産を入れたスーツケースと共に航空機に乗り込みました。そこまではいいのですが、目的地に到着したとき、大切なスーツケースがないことに気づいたのです。驚愕した私は外国の空港でパニックになりました。

「知っている人が全くいない場所で、これからどうやって生きていこう？」

とにかく焦り、困り果てている夢でした。まだ頭の中が混乱している最中にふと目が覚め、「あれっ、これは夢だったのか……」とホッとしたのです。それくらい、その悪夢は臨場感に満ちたものでした。

とても怖い夢だったな……。そう思いながら、「私はいったい何のために、このような夢を見たのだろう」と再び問いかけ始めた数分後。

ふとパズルが解けたのです。そもそも私は眠るときに、こう問いかけていました。

「これからは新しいライフスタイルが必要として、それは具体的に、どのようなライフスタイルがいいのか？」

その日見た悪夢は、私のその問いかけに対する、無意識からの答えだったのです。

「あなただったら、誰も知っている人がいない場所で、無一文の状態から、何をやって、どう生きていく？」

自分は、こう問われているのだと気づいたのです。それに気づいた瞬間、まさに私が知りたかった「新しい時代に合った、新しいライフスタイル」のアイデアが、次々に湧いてきました。そのアイデアは、本書を執筆するときにも役立っています。

つまり、**誰かに答えを教えてもらわなくても、自分の中に答えはあった**のです。そのパズルを解くための「問いかけ」が必要だっただけなのです。

人生に必ずある「試練」とどう向き合い、どう克服する？

誰の人生にも必ず、「これはいったい、どのように解いたらいいのだろう？」と考え込み、思わず立ち止まってしまうようなアクシデントやイベントが起こります。
もちろんそれは、その人にとって必要だから起こっているわけなのですが、あなたの人生に起きる現実は、どのようなパズルの一部なのでしょうか？

第28代アメリカ大統領のウッドロウ・ウィルソン氏は、こう言いました。
「運命の中に偶然はない。人間は、ある運命に出会う以前に、自分がそれをつくっているのだ」

この言葉通り、**運命というものは、あらかじめ自分で決めてから生まれてくるものだ**と私は考えています。しかし人間はときどき、そのとても重大なことを忘れてしまうのかも知れません。

「人生は思い通りにならない」と思いながら生きるのも自由ですし、「いやいや、そもそも運命は、自分がつくるものでしょう」と考えて主体的に生きていくのも自由です。**あなたは、どちらの道も選ぶことができます。**

イギリスの詩人ウィリアム・ブレイク氏の名言にこんなものがあります。
「太陽も月も自分を疑ったとしたら、その瞬間に光を失うだろう」

でしょう。あなた自身が自分を、そして自分の人生を疑ったら、その瞬間にあなたは光を失う

人生は一度きり。〝人生のパズル〟を解きながら、「本当の自分」の姿や輪郭を洗い出しながら、人生とダンスをしながら、人生の醍醐味を味わいながら、思いっきり生きていきませんか？

本書は、そう願うあなたのための本です。あなたの「喜びに満ちた人生」に役立つことができれば幸いです。

さなぎが蝶《ちょう》になり、自由に舞い始めるように。

梯谷幸司

《謝辞》

これらの〝人生のパズル〟の解き方、そして、様々な気づきや洞察を与えてくださっ

た、のべ約7万人のセッション、プログラム参加者、ご相談者の皆様に感謝いたします。

そして、あわただしいコロナ禍の中で、様々な情報提供をしてくださった国内・海外の医療関係者の皆様、研究のために快くインタビューにご協力くださった皆様に感謝いたします。いつもサポートしてくれている妻である梯谷礼奈、様々な情報収集などに協力してくださったアシスタントの方々に感謝いたします。

そして、このような〝人生のパズルの解き方〟をまとめ、世の中に伝えていく機会を与えてくださった大和書房の荻田真理子さん、私の意図を上手く表現してくださるライターの水原敦子さん、魅力的なデザインを生み出してくださるデザイナーの根本佐知子さんに感謝いたします。

私の心理技術に興味がある方は、ぜひYouTubeチャンネル「梯谷幸司」や「トランスフォームマネジメント株式会社」のHPなどをご覧ください。また、私の各種セミナーでも、様々なエクササイズも体験していただけますので、ぜひ一度、足をお運びください。

KOJI HASHIGAI

梯谷幸司（はしがい・こうじ）

心理技術アドバイザー／メンタルトレーナー。
トランスフォームマネジメント株式会社代表取締役。米国NLP協会Art of NLPトレーナー。人間心理、言語心理学、催眠療法、ＮＬＰ（神経言語プログラミング）など、これまで世界的な専門家に師事。30年以上の歳月をかけ、科学的手法に基づいた独自の成功理論「梯谷メソッド」を確立。「言葉と心理技術」を駆使し、「脳の動かし方」を変化させる方法で、クライアントが抱える身体とメンタル面の悩みを改善することに成功。このほかにも、クライアントの抱えるトラウマやマイナスの思い込みを特定し、潜在意識にアプローチして「本当の自分」を取り戻し、本来のポテンシャルを開花、ブレイクスルーさせるセルフイメージの変革に成功している。夫婦問題に悩む人からうつ病の患者、経営者、アスリートに至るまで、これまでのべ７万人を導いてきた。コンサルティングやワークショップを精力的に開催。著書に『なぜかうまくいく人のすごい無意識』『無意識を鍛える』（以上、フォレスト出版）、『本当の自分に出会えば、病気は消えていく』（三笠書房）、『"偽りの自分"からの脱出』（幻冬舎）がある。

自分《じぶん》のままで
突《つ》き抜《ぬ》ける無意識《むいしき》の法則《ほうそく》
人生《じんせい》を"思《おも》いのまま"に変《か》える最強《さいきょう》の心理《しんり》メソッド

2021年３月１日　第1刷発行
2024年10月25日　第5刷発行

著　　者　梯谷幸司《はしがいこうじ》
発 行 者　佐藤 靖
発 行 所　大和《だいわ》書房
東京都文京区関口1-33-4
電話 03-3203-4511

ブックデザイン　根本佐知子（梔図案室）
イラスト　つまようじ（京田クリエーション）
編集協力　水原敦子
編集担当　荻田真理子
本文印刷所　厚徳社
カバー印刷　歩プロセス
製 本 所　ナショナル製本

ISBN978-4-479-76160-0

http://www.daiwashobo.co.jp/